어린이 마음을 여는 기술

현실요법으로 상담하기

REALITY THERAPY WITH CHILDREN

생활심리 이야기 · 1

어린이 마음을 여는 기술

현실요법으로 상담하기

로버트 우볼딩 지음 · 이양희 옮김

사람과사람

Robert E. Wubbolding
REALITY THERAPY WITH CHILDREN
Copyright © 1993
by Robert E. Wubbolding

이 책의 한국어판 저작권은
'도서출판 사람과 사람'에 있습니다.
저작권법에 의해 한국내에서 보호를 받는 저작물이므로
무단전재와 복제를 금합니다.

차 례

어린이를 사랑하는 모든 이에게 … 7
어린이를 위한 현실요법 … 8
통제이론의 5가지 원칙 … 9
현실요법은 환경이 중요하다 … 17
누구나 배우기 쉬운 현실요법 … 19
어린이 마음을 여는 15가지 테크닉 … 21
어린이를 이해하는 4단계 … 49
아이가 바라는 것을 알아본다 … 50
원하는 것에 맞게 행동하라 … 56
제일 중요한 것은 평가이다 … 59
집을 짓는 마음으로 계획을 세워라 … 68
당신이 상담자라면 … 73
현실요법을 연구하는 사람들 … 149
에필로그 … 150
참고문헌 … 151

게임으로 배우는 현실요법
공룡아, 공룡아 뭐하니? … 161

어린이를 사랑하는 모든 이에게

　로버트 우볼딩의 『어린이 마음을 여는 기술』은 현실요법을 공부하는 이들은 물론, 어린이를 사랑하고 지도하는 모든 사람에게 커다란 도움이 될 것이다.
　서강대 김인자교수님의 소개로 현실요법을 처음 접하게 되었고, 한국 심리상담연구소의 초청으로 온 로버트 우볼딩 밑에서 현실요법 전문가 과정을 수련하며 느낀 것은 윌리엄 글라써의 개념을 우볼딩이 매우 간단명료하게 전달하고 있다는 점이다. 아동문제와 아동심리에 관심있는 한 사람으로서 선택이론과 같은 체계적인 이론이 있어 아이들의 성장과 올바른 인간관계 형성에 도움을 준다는 것은 매우 시사하는 바가 크다. 또 미약하나마 이를 우리나라에 소개할 수 있다는 것도 개인적으로 의미 있는 일이라 생각한다. 미래의 주역이 될 꿈나무를 책임감있고 자유로운 인격체로 키우기 위해 무엇보다 현실요법의 선택이론은 필수적이라고 확신한다. 어린이와 많은 시간을 보내거나 지도하는 모든 사람에게 이 책을 권한다. 끝으로 '도서출판 사람과 사람' 사장님과 편집진, 그리고 이 책을 펴내는데 도와준, 사랑하고 아끼는 여러 제자들에게 감사의 뜻을 전한다.

옮긴이 이 양 희

윌리암 글라써가 개발한 현실요법은 힘(power)의 욕구를 강조한 알프레드 아들러의 연구에 그 바탕을 두고 있다. 화이트하우스는 아들러의 개인 심리학과 현실요법이 인간은 본래 목적중심적이고 사회적이라는 목적론적 인식에 근거하고 있다고 평한 바 있으며 카이저는 저서『심리요법의 책임 문제』를 통해 내담자의 개인적 책임감이 갖는 중요성에 대해 강조하고 있다. 윌리암 글라써는 이것을 바탕으로 현대 사회에서 특정한 개인의 욕구와 그 욕구 충족까지 포괄하는 개념을 확장시켰다. 그 결과 현실요법은 여러 교육단체에서 광범위하게 활용되고 있으며 글라써는『오늘의 교육』이라는 학술지에서 '훈육분야의 최고 전문가'로 평가받고 있다.

  교육 현장인 학교에 적용되는 현실요법은 되도록 처벌을 피하고 개인의 책임감을 길러주는 내용으로 구성되어 있다. 또 자기 관리(management)와 지도 감독(supervision)뿐만 아니라 자립(自立)하는 기술도 권장하고 있다. 포드는 그의 저서『어린이를 어떻게 사랑할 것인가』와『영원한 사랑』을 통해 각각 사랑, 책임감, 훈육, 일, 놀이, 믿음이라는 맥락 속에서 아동을 양육하는 치료방법을 소개했다. 또한 부모와 자녀, 배우자 사이의 강한 유대감 형성을 위한 실제적인 방법들에 대해서도 강조하고 있다.

통제이론의 5가지 원칙

현실요법은 '통제이론(Control Theory)'이라고 불리는 뇌기능 체계에 기초하고 있다. 통제라 함은 보통 힘을 가진 사람이 힘이 없는 사람들을 지배하는 부정적 개념으로 인식하고 있지만 여기서 말하는 통제란 뇌의 작용에 의해 자신의 행동을 절제하고 조절함을 뜻한다.

이처럼 해석상의 오해를 줄일 뿐 아니라 새로운 개념확립을 위해 통제이론을 선택이론(Choice Theory)으로 바꿔부르고 있다. 그러나 이 책이 쓰여지던 시기를 고려하여 이 책에서는 일반적으로 통제이론의 개념을 사용하고 있다.

현실요법의 효과는 여러 학자들의 이론적 검증과 심층적 분석을 통하여 이미 잘 입증되어 있다. 예컨대, 위너는 인간에 대한 피드백(Feedback)과 정보의 역할을 사회적 맥락뿐 아니라 공학적이고 생물학적인 체계에서도 도입하고 있다. 시클스는 통찰력, 예견력, 직관력, 다양한 중재적 상태의 역할에 대해서 상세히 설명한 바 있으며 파스크는 저서 『학문과 실제의 인공두뇌학』에서 통제이론을 토대로 학습모델과 학습법, 교수 전략 등을 자세히 다루기도 했다. 심지어 통제이론은 개발자와 피개발자간의 권력관계를 다룬 국제 관계에까지 확대 적용된다.

이같은 연구와 다양한 실험을 통해 입증된 결과는 현실요법의 일

면만을 보고 이론적 토대가 미약하다고 비난하는 사람들에게 확실한 근거를 제시하는 토대가 되고 있다.

　현실요법의 임상적 활용에 대한 보다 적절한 근거는 파워스에 의해 제시되었다. 파워스는 자신의 관점에서 '통제이론'은 행동주의의 '기계적인 형식주의'와 제한점들에 대해 대안을 제시하고 있다고 말한다. 나아가 글라써는 통제이론을 실제 임상치료를 위한 방편으로 확대하고 인간의 행동, 전행동(total behavior), 내적인 바램(want)에 대해 설명하였다.

　통제이론에 의하면, 인간은 누구나 외부세계에 대해 각각의 욕구를 갖게 되며 그 욕구를 채울 수 있는 방향으로 행동한다. 글라써가 말한 바와 같이 인간은 외부 세계로부터 갖가지 정보를 얻고 그 정보를 체계화하고 분석한 결과물을 외부세계로 다시 방출한다. 우볼딩은 통제이론을 현실요법에 활용하기 위하여 다섯 가지의 통제이론 원칙들을 요약하여 제시하고 있다.

　첫째, 인간은 태어날 때부터 기본적인 다섯 가지 욕구를 가지고 태어난다. 현실요법에 있어 이 다섯 가지 욕구는 모든 행동에 동기를 부여하는 매우 중요한 의미를 지닌다. 이 다섯 가지 욕구에는 사랑과 소속(love & belonging), 힘(power, 유능함, 성취감, 인정, 자존심),

즐거움(fun), 자유(freedom, 독립, 자율성), 생리적(physiological) 욕구가 있다. 인간은 이 다섯 가지 기본욕구에 따라 끊임없이 행동한다. 이러한 욕구는 일반적이고 보편적이지만 개개인의 바램에 따라 개인마다 특수하고 독특한 형태를 띤다.

  소속의 욕구는 인간이 가족을 형성하거나 결혼하고 싶어하는 것, 친구를 사귀고 싶어하는 것 등에 관한 욕구이다. 소속의 욕구가 강한 청소년들은 자신들만의 또래 집단에 소속되기를 열망하며 가정주부는 계모임을 만드는 행위로 이 욕구를 표출한다.

  힘에 대한 욕구는 경쟁하고 성취하고 어디에서건 중요한 존재로 인정받고 싶어하는 욕구를 말한다. 정치인들이 권력에 연연해 하는 것도 바로 힘의 욕구를 충족하기 위함이며 결혼생활에 종지부를 찍고 이혼하는 부부들은 서로를 통제하고 싶은 힘에 대한 욕구가 채워지지 않았기 때문인 경우가 많다.

  즐거움에 대한 욕구는 즐겁고 재미있게 살기를 희망하는 욕구이다. 생명을 건 자동차 경주를 즐기거나 땀을 뻘뻘 흘리면서 산을 등반하는 사람들은 즐거움의 욕구를 충족시키기 위해 위험을 무릅쓴다. 또 결혼상대자로 유머러스한 배우자를 선호하는 젊은이들은 즐거움에 대한 욕구가 상대적으로 강한 경우이다.

자유에 대한 욕구는 자신이 원하는 사람과 원하는 장소에서 자신이 좋아하는 삶을 살고 싶은 욕구를 말한다. 따라서 독립해서 혼자 살고 싶어하는 사람이 그것에 반대하는 부모님과 갈등을 빚는다면 자유에 대한 욕구가 채워지지 않았기 때문이다. 또 여러 가지 학원에 다니는 아이가 "난 놀고 싶어"라고 불만을 토로하였다면 놀이터에서

기본적인 다섯가지 욕구

맘껏 뛰어놀고 싶은 자유의 욕구가 채워지지 않았기 때문이다.
 생리적 욕구는 우리 뇌의 가장 오래된 욕구로서 숨쉬고 먹고 배설하는 것 등에 관한 기본적인 생존 욕구이다.
 인간의 삶은 이 다섯 가지 욕구가 적절하게 배합되고 조절되어야 한다. 타인과의 관계에서 갈등이 빚어지는 주 요인은 각자마다 가지고 있는 이 다섯 가지 욕구가 어느 쪽에 치중되거나 대립되어 있기 때문이다.
 둘째, 개인이 원하는 것과 자신이 소유하고 있는 것을 지각하는 것의 차이는 매순간 모든 행동의 원동력이 된다. 다시 말해 어떤 사람이 성능 좋은 스포츠카를 구입하고 싶어한다고 가정하자. 그러나 그것은 단순히 소망일 뿐 실제 그는 스포츠카를 구입할 경제적인 능력이 없다. 그는 자신이 스포츠카를 갖기를 간절히 원하지만 현실적으로 그럴 수 없다는 것을 지각할 것이고 이 지각은 스포츠카를 구입하기 위해 더 열심히 일을 하거나 저축을 늘이는 행동의 원동력이 된다는 뜻이다.
 셋째, 인간의 모든 행동은 실행하기, 사고하기, 느끼기, 생리 기능의 네 가지 요소로 구성된다. 그러므로 행동을 표현함에 있어 '전행동(total behavior)' '불안해 하고 있다' '우울해 하고 있다' '죄책감을 느끼고 있다'와 같이 느낌을 설명하는 현재 진행형을 사용한다. 모든 행동은 목적을 지니고 있다. 그 목적은 주어진 순간에 있어서 각 개인이 보는 사진(picture)과 실제 자신들의 바램 사이의 차이를 좁히는 것이다. 스포츠카를 갖고 있는 자신의 모습이 사진이었다면 그 사람이 저축을 늘리거나 열심히 일하는 행위는 스포츠카를 살 수 있는 상황을 앞당기는 행동이므로 바램과 실제의 차이를 좁히는 행위다.

넷째, 그러므로 인간이 행하는 모든 행동, 즉 '총체적 행동'은 외부 자극으로부터가 아니라 개인 내부로부터 시작된다고 봐야 한다. 따라서 인간은 자신의 행동에 대해서 책임을 질 필요가 있다. 다시 말하면 인간은 수시로 보다 효율적인 행동을 선택함으로써 변화를 유발하고 촉진시킨다.

다섯째, 인간은 눈이라는 기관을 통해 사물을 보듯이 일련의 렌즈 기능을 하는 지각 체계를 통해 세계를 인식한다. 인간은 낮은 지각 수준에서 외부 세계를 인식하고 높은 지각 수준에서 판단한다. 즉, 지각에 긍정적·부정적 가치를 부여하는 것이다. 그러므로, 현실요법은 인공적인 두뇌 원리에 근거하고 있다고 할 수 있다. 다음에 설명될 '카운슬링 사이클'은 현실요법의 실제에 대한 개념이며 널리 사용되고 있는 아동 상담 방법에 구체성과 실용성을 더해 준다.

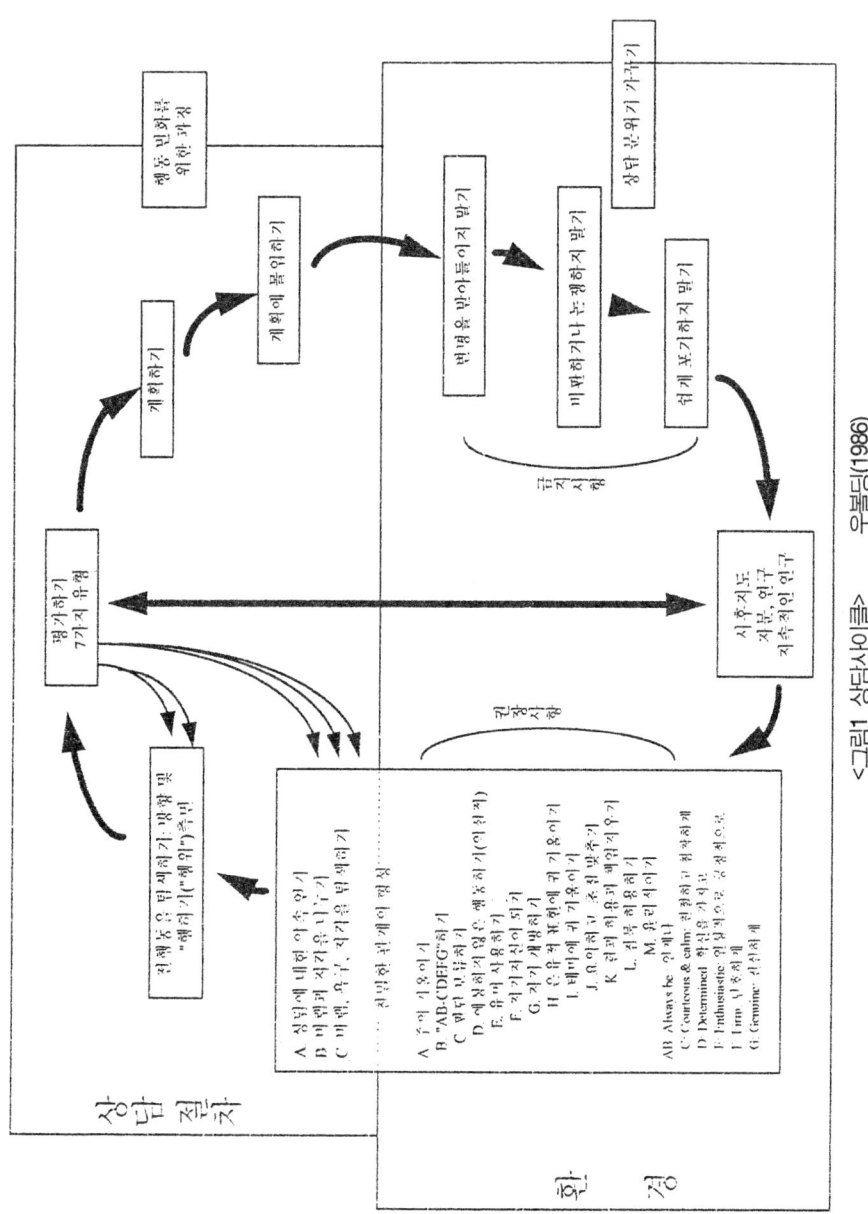

<그림1 상담사이클> 우볼딩(1986)

현실요법은 환경이 중요하다

　<그림 1>을 보면 환경은 일련의 상담 진행 절차가 형성되는 바탕이 됨을 알 수 있다. 현실요법에서 상담자는 내담자의 변화를 유도하기 전에 내담자와 인간적이고 친숙한 관계를 맺어야 한다. 이처럼 상담자와 내담자가 일정한 관계를 유지하기 위해 취하는 몇 가지 방법, 즉 자기를 개방하기, 내담자의 말에 주위 기울이기, 성급한 판단은 보류, 침묵을 허용하기 등은 모든 상담 이론들에 있어서 공통적이다.
　그러나 현실요법에는 '변명을 받아들이지 마라' '비판하거나 논쟁하지마라' '쉽게 포기하지 마라' 등과 같이 다른 상담 이론에서 찾아볼 수 없는 독특한 환경 기법상의 표현들이 있다. 이러한 금기들은 몇몇 상담 이론에도 적용된 바 있지만 현실요법에서는 신뢰 관계 수립이라는 매우 중요한 역할을 한다. 특히, 아동의 효과적인 치료에 있어 결정적인 요소가 된다.
　환경은 분명 상담 진행 절차의 기본 요소이지만, 둘 사이를 구분하는 절대적인 경계선이 되는 것은 아니다. 이 가정(假定)은 '친구 되기'가 상담을 하기 위한 기초적인 환경을 마련하는 행위이며 동시에 상담 진행 절차의 일부분이라는 사실에 의해서 가장 잘 증명된다. 상담자는 아동이 자신의 행동평가를 돕거나 계획을 세우도록 유도함으로써 상담을 시작할 수 있다.

카운슬링 사이클은 모든 아동들에게 적용된 일률적인 시점에서 상담을 시작하는 것이 아니다. 오히려 치료자가 적합하다고 판단하는 어느 시점에서부터 상담을 시작할 수 있다.

누구나 배우기 쉬운 현실요법

현실요법의 발전사, 가르침, 활용면을 통털어 볼 때 의식적으로 일상적인 언어를 사용하고자 노력했던 점은 매우 주목할 만하다. 현실요법은 새로운 단어를 개발하기 보다는 '소속' '힘' '즐거움' '자유' '친구 되기' '계획하기' 등과 같이 우리가 주변에서 쉽게 접할 수 있는 일상 언어를 사용함으로서 모든 사람들이 쉽게 이해하고 활용할 수 있는 토대를 마련하였다. 결과적으로 현실요법에 사용되는 언어들은 난해하지 않아서 특별한 훈련을 받지 않은 사람, 즉 평범한 독자들이나 청취자들, 혹은 어린이들까지 누구라도 수월하게 접하고 사용할 수 있다.

그러나 이런 점이 오히려 단점이 될 수도 있다. 지적인 이해가 빠르고 이 개념들에 이론적으로 동의한다고 해서 반드시 효과적으로 실행할 수 있는 것은 아니기 때문이다. 예컨대, 야구는 규칙이 비교적 복잡하지 않아서 야구팬이라면 누구나 쉽게 게임룰을 이해할 수 있다. 그러나 메이저 리그의 스타들은 어떤가. 뛰어난 실력을 가진 그들도 안타를 칠 확률보다 아웃 당할 확률이 훨씬 높다. 이처럼 직접 게임을 한다는 것은 일반인의 생각보다 훨씬 더 어려운 것임을 잊지 말아야 한다.

궁극적으로 현실요법에 관한 이론을 익혀서 실제 생활에 활용하기란 그리 쉬운 일만은 아니다. 실제로 현실요법 자격취득 훈련 프로그램은 18개월이라는 짧지 않은 과정으로 이루어져 있으며 고도의 기술과 훈련, 전문가의 지도감독을 필요로 한다.

하지만 현실요법의 원칙들을 읽어보는 것만으로도 일상생활에 적용할 수 있는 아이디어는 얼마든지 얻을 수 있다. 아직까지 배웠거나 앞으로 배울 것들을 가능한 빨리 활용해 보기를 권장하는 바이다.

어린이 마음을 여는 15가지 테크닉

'환경'이란 치료자의 입장에서 보면, 어린이로 하여금 안정감과 편안함을 느끼면서 마음의 어떤 동기를 불러일으킬 수 있는 분위기를 조성해 주는 것을 의미한다. 상담하기에 적합한 환경을 만들어 놓는다면 상담 진행 절차도 그만큼 효과적일 것이다.

<그림 1>의 하단 직사각형의 내용은 상담 진행 절차의 기본 구조이다. 어린이에게 현실요법을 사용하는 치료자는, 아이의 말과 행동을 적극적으로 경청하고 반영해주며 아동이 자기 자신에게 초점을 맞출 수 있도록 도와주는데 모든 노력을 아끼지 않아야 한다.

특히 주변상황에 민감한 아동들을 상담할 때에는 환경의 중요성이 더욱 강조된다. 아이들은 어른에 비해 상대적으로 상담자의 태도나 주변환경의 영향을 쉽게 받기 때문이다. 이렇게 좋은 환경을 만들어 주기 위한 노력에는 상담자의 다양한 행동 양식 등 여러 가지 방법들이 있다. 혹 주변의 어떤 어린이와 마주 앉아 불평 불만을 들어주어야 하는 상황이 오거나 전문적으로 상담을 하면서도 뭔가 더 좋은 방법이 없을까 하고 고민했던 사람들에게는 많은 도움을 줄 것이다.

주의를 기울이기

주의 기울이기(Attending Behaviors)에는 여러가지 모델들이 있다. 특히 현실요법에서 실제로 자주 사용되고 효과적인 것은 아이비(1980)가 도입한 방법이다. 아이비는 그의 저서 『상담과 심리요법』을 통해 아래와 같은 다양한 방법을 소개하였다. 이러한 기법들은 상담자와 내담자의 관계를 촉진시키는 요소가 된다.

· 눈맞춤 - 지나치게 빤히 쳐다보지 않으면서도 진정한 관심을 가지고 있다는 것을 드러내는 얼굴 표정으로 내담자를 바라보기
· 신체 자세 - 개방적이며 수용적인 자세로 앉기
· 언어적 반응 - 내담자의 의견에 신경을 쓰고 상담자가 열심히 경청하고 있다는 것이 전해지도록 반영하기
· 비언어적 행동 - 내담자의 음성의 높낮이나 행동 따위의 표현 방법에 주의하기
· 부연하기 - 가끔씩 내담자의 의견을 다른 말로 바꿔 말하기

항상 정중하라

항상 정중하라(Always be Courteous)는 이 원칙은 단순히 상담자와 내담자의 관계가 아니라도 모든 사람들에게 적용될 수 있다.

적대적이고 부정적인 행동을 보이는 아동들에게 이러한 자세를 유지하는 것은 특히 어려운 일이다. 그러나 보호 관찰관이나 가석방 담당자, 혹은 이외에도 내담자에게 권위있는 인물로 보여지기 쉬운 사람들은 존중하는 마음으로 침착하게 내담자를 대해야 하며, 분노나 짜증을 토로하는 것을 삼가해야 한다.

여기에서 'C'는 '침착하다(Calm)'는 것을 의미하기도 한다. 아동이 상담자에게 직접적으로 분노를 표출할 때 침착성을 유지하는 것이 상담자가 취해야 할 기본적인 자세이다. 사실 그렇게 대응하기란 쉽지 않지만 바로 그 순간에 내담자는 자신의 삶에 어떤 통제력을 발휘하려 하고 있다는 뜻도 된다. 또 내담자는 자신의 분노에 찬 행동이 그 순간만큼은 가장 효과적이며 도움이 된다고 생각하기 때문에 상담자는 더욱 침착하도록 노력해야 한다.

마지막으로 'C'는 '일관성(Consistent)'을 상징한다. 현실요법을 사용하는 상담자는 규칙과 방법들을 논하거나 결과를 부여하는데 있어서 일관성을 갖도록 노력해야 한다. 비단 현실요법 전문가가 아닐지라도 어린이를 대하는 모든 사람들에게 일관성을 갖는 원칙은 중요하다. 예컨대, 일관성이 있는 행동을 하기 위해 보호소나 수용 시설에서 상담자는 종종 원생들을 징계하거나 심지어는 그들을 내쫓기까지 한다. 그러한 원칙들은 현실요법의 실제와 일치한다.

'C'는 가능한 한 일관성을 유지하려는 시도이다. 글라써의 말처럼 현실요법 치료자가 일관성을 목적으로 할 때 공정성과 일관성이 사람들의 지각체계 또는 감각 카메라 내에 존재하는 지각이라는 것을 인식하고 있어야 한다. 따라서 내담자가 상담자와 동일한 견해를 가질 것이라고 기대하는 것은 비현실적이다. 공정한 것과 부당한 것에 대해 각자 의견의 차이를 보일 수 있다. 정중하고 침착하며 일관성과 공정성을 가지라는 제안은 현실요법이 권위적이고 지시적인 상담이라고 오해받을 소지를 없애기 위한 것이다.

바톨라스는 1974년에 쓴 저서 『교도행정』에서 현실요법이 종종 권위자에게 대항할 힘이 없는 내담자, 입원 환자, 원생을 대상으로 분노를 발산하기 위한 구실을 제공한다고 주장한다. 그러나 그러한 행동이 이 이론에서 정당화될 수는 없다. 그것은 단지 힘의 남용일 뿐, 현실요법의 원칙들을 책임감 있고 올바르게 활용하지 못한 것이다.

항상 신념을 가져라

현실요법 치료자들은 내담자들이 더 나은 삶을 누릴 수 있다는 신념을 가지고(Always be Determined) 내담자와의 관계를 형성한다. 내담자가 개선의 여지가 거의 없어 보이거나 무책임하며 비효과적인 행동을 보이더라도 치료자들은 내담자들에게 보다 더 효과적인 행동들이 있다는 것을 스스로 인식하고 그 신념을 내담자들에게 전달한다.

그러므로 치료자는 과거보다는 현재의 행동을 더욱 중시한다. 따라서 과거의 학대나 정신적 외상(trauma), 또는 부정적인 행동에 대해 길게 토론하지는 않는다. 왜냐 하면 과거의 행동은 이미 통제될 수 있는 부분이 아니기 때문이다. 반면 아동의 현재와 미래의 행동은 개인의 통제권 내에 있는 부분이기 때문에 무엇보다 강조된다.

글라써는 저서『실패없는 학교』에서 현실요법이 성공적으로 수행되기 위해 배움의 현장인 학교는 '우리는 문제를 해결한다'라는 신념을 가진 곳이 되어야 한다고 말했다. 학교 또는 모든 관련 기관에서 아동의 문제를 해결하는 것은 필수사항이지 선택사항이 될 수 없다.

항상 열정을 가져라

좋은 태도는 바로 희망을 가지고 밝은 면을 보려는 마음이다. 매사에 열정을 가지는(Always be Enthusiastic) 이런 태도는 병리적인 면을 지적하기 보다는 가능성에 대해 논하며, 상황이 어떻게 발생했나 보다는 무엇을 할 수 있을까를 결정하고, 단순히 아동의 결함을 교정해 주기 보다는 아동이 무엇을 할 수 있는가에 근거해 아동을 돕는다. 또한 상담 시간을 부정적인 감정들을 토로하는 시간으로 변질시키기 보다는 긍정적인 면을 찾는 기회로 활용한다.

현실요법 치료자들은 고지식한 사람들이어서는 안된다. 따라서 부정적이고 혼란스럽고 비효율적인 행동이라 할지라도 논의를 일방적으로 회피해서는 안된다. 대신 현재와 미래를 변화시키기 위해 무엇을 할 수 있는가, 무엇이 변화될 수 있는가에 역점을 두어야 한다. '결함을 들추지 마라'가 이 지침에 적용되는 명제이다. 토마스 에디슨(Thomas Edison)은 비록 우리가 아이들에게 열성만을 남겨준다 하더라도 그들에게 이미 '헤아릴 수 없이 가치로운 유산'을 남겨 주는 것이라고 말했다.

항상 확고하라

현실요법 사용자들은 내담자들의 생각과 행동에 공감하고 확고하려고 노력한다(Always be Firm). 그러나 자신의 개인가치를 숨길 필요는 없다. 여러 상황에서 전문가들은 정직하고 침착하며 아주 사사로운 일에서조차도 규칙을 준수하는 입장을 고수해야 한다. 마찬가지로 상담자는 방법과 규칙을 존중하며 구차한 변명없이 확신을 가지고 그것들을 적용해야 한다.

특히 학교나 관련 기관에서 권위적인 인물과 상담자의 역할을 동시에 수행하는 사람은 현실요법의 원리들을 적용하는데 최선을 다해야 한다. 그러나 이 '확고함'이 권위적인 사람이 부당하게 아동에게 자신의 일시적인 기분을 강요하기 위한 구실로 해석되어서는 안된다. '확고함'은 감정이입에 의해서도 조절된다. 이러한 제안들은 상담자가 아동과 건전한 관계를 형성하고 편안한 분위기의 환경을 마련하는데 도움이 될 것이다.

이 지침들과 준수 사항들은 보통 사람들에게 적용하기에는 쉽지 않은 이상적인 것들로 구성되어 있다. 따라서 침착성을 유지하거나 상담 시간 내내 백 퍼센트 공정하기란 능숙한 현실요법 치료자라 할지라도 거의 불가능하다.

그럼에도 불구하고 이것은 유능한 상담자가 지향해야 할 최선의 목적이다.

❖ 앞서 말한 이 네 가지 원칙은 각각의 첫자를 따서 일반적으로 'AB-CDEF원칙'이라고 부르고 이것은 하나의 기술로 간주한다.

항상 Always be / 정중하라 Courteous
　　　　　　　　신념을 가져라 Determined
　　　　　　　　열정적이어라 Enthusiastic
　　　　　　　　확고해라 Firm

판단을 유보하기

만약 상담자가 전문적인 관계를 유지하고 올바른 환경을 마련하려 한다면 가끔은 판단을 유보하는 것(Suspend Judgment)도 중요한 방법이다. 이 자세는 상담자가 사적인 판단이나 비난없이 내담자의 행동을 조망할 수 있음을 의미하는 것이다.

판단을 유보한다고 해서 해롭거나 효과적이지 못한 행동에 동의한다는 것은 아니다. 그것은 단지 치료자가 내담자의 행동을 그들의 욕구 실현을 위한 최선의 노력으로써 조망할 수 있음을 의미하는 것이다.

이 지침과 반대되는 자세는 상담자가 내담자의 행동을 높은 지각 수준에서 조망하는 것이다. 즉 내담자가 하는 최선의 노력에 자신의 어떤 가치를 부여한다. 이런 자세는 내담자를 고려하지 않고 일방적으로 상담자 기준에 맞는 가치를 부여해 승인, 비난 등 사적인 평가 기준이 적용될 수 있으므로 주의하여야 한다.

예기치 못한 행동하기

상담자가 때로는 예기치 못한 행동을 하는 것(Do the Unexpected)이 도움이 될 때가 있다. 아동이 실패나 불행에 관한 이야기를 할 것으로 예상될 때, 상담자는 아동이 성공과 행복에 대해서 말하도록 이끈다. 또는 아동이 타인에 관해 비난과 험담을 하려 할 때 상담자는 그 사람들과 잘 지냈던 일, 예를 들면 영화 구경을 가거나 공원을 산책한 일은 있는지, 친하게 지내며 뭔가를 함께 한 가장 최근의 일이 언제인지를 묻는다.

우볼딩은 불평 불만을 긍정적 상황으로 새롭게 대치시켜 줄 수 있는 여러 가지의 방법들에 대해 기술했다. 재구성, 재정의, 재명명이라는 역설적인 기법들은 예기치 못한 일을 행하는 중요한 방법이다.

이러한 전략을 수행하기 위해서는 개인의 사고전환이 필수적이다. 즉, 결과를 현재의 원인으로 보고 의문시되는 점을 강점으로 바라보는 시각이 필요하다. 예컨대, 우울한 아동을 부정적으로 생각하기 보다는 생각이 많고, 점잖으며, 사려 깊은 아동으로 본다. 화난 아동을 성격이 포악하게 볼 것이 아니라 외향적이고 깊은 신념을 가지고 있는 아동으로 본다. 으스대는 아이들은 지도자 성향과 야망을 가지고 있으며, 반면에 순종적인 아이들은 친절하고 협동심이 강하다고 볼 수 있다.

　이런 역설적인 기법은 상담자와 내담자간에 원만한 상호관계를 형성해 가는데 매우 유용하며 변화를 유도하는 상담 진행 절차라는 점에서 고무적이다.

　그러나 역설적 기법을 자칫 조작적이거나 무차별하게 사용해서는 안된다. 이것은 오히려 절제하여 사용되는 심리적 첨가물이기 때문이다. 시기적절하게 합리적으로 사용할 때에만 다른 지침과 마찬가지로 안정된 상담 환경을 조성해 주는 수단이 될 것이다.

효과적인 유머 사용하기

즐거운 유머를 사용하는 것(Use Humor)은 관계 증진과 건강한 환경을 조성하는데 유용한 방법이다. '웃음이란 두 사람 사이를 좁혀준다'라는 말처럼 유머를 사용하는 것은 기대했던 것보다 훨씬 좋은 결과를 가져온다. 평상시의 즐거운 생활이 인간의 건강에 얼마나 많은 영향을 미치는가에 오랜 연구를 거듭한 커슨스는 자신의 저서 『병의 해부』와 『마음의 치료』에서 치료 방법으로서 웃음의 효과에 대해 보고한 바 있으며 피터는 『웃음 처방』이란 책에서 웃음이 불안, 우울, 상실을 치료하는데 가장 유용한 방법이라고 주장하였다. 그는 '유머는 상해와 염증으로 인한 신체의 통증까지 해소시켜 줄 수도 있다'고 덧붙였다.

상담자는 어떤 상황에서든 내담자와 함께 웃는 자세가 필요하다. 물론 그 웃음에는 절대 조소가 섞여서는 안된다.

불행하게도 동서고금을 막론하고 대부분의 사람들은 유아가 성장하고 성숙하는 과정에서 웃는 것을 가르치는데 결코 시간을 할애하지 않는다. 다만 그들은 자녀들에게 적절하게 말하는 것, 걷는 것, 먹는 것, 배변 훈련하는 것만을 가르칠 뿐이다. 하물며 웃음은 가르쳐서 배우기 보다는 자연스럽게 습득하는 것이라고 간주한다.

따라서 아동은 보상, 벌, 부모님의 모델링 없이 그들 스스로 웃음을 배워 나간다.
 아리스토텔레스는 '웃을 수 있다'는 것을 인간에 대한 정의에 포함시켰다. 두말할 필요도 없이 상담자의 적당한 유머 사용은 아동과의 관계형성을 원활하게 해준다. 또 상담자가 아동에게 자신의 내적 욕구를 실현시켜 주는 사람으로 인식될 수 있는 훌륭한 방법이다.

자신의 스타일에 맞춰보기

현실요법은 냉담한 상담자나 독단적인 치료자, 둘 다에게 적당한 방법이다. 라친은 현실요법에 관한 저서에서 글라써의 모델을 '넌센스가 아닌 치료'라고 말했다. 좀더 정확히 말하자면, 각 개인은 자신의 행동에 책임을 진다는 것을 기본 전제로 한다. 그러나 상담자의 스타일은 수동적이거나 반지시적인 것에서부터 직면적인 스타일에 이르기까지 다양할 수 있다. 그러므로 원칙들은 각 개인의 성격에 가장 적합한 방식으로 적용하는 것이 좋다.

학생이 스승의 스타일을 그대로 따르는 것은 수련 과정에서 흔히 나타나는 일이다. 그럼에도 불구하고 끈기있는 학생들은 환경에 맞는 지침과 과정을 자연스럽게 자기 스타일에 맞춰야 한다(Be Yourself).

나를 보여주고 개방하기

타인에게 자기를 보여주는 것(Share Yourself)은 신뢰 관계를 형성하는데 있어 매우 효과적인 기법이다. 현실요법의 이러한 지침은 여러 상담 이론에서도 공통적인 사항이다. 코리머는 『인터뷰 전략』이란 저서에서 자신을 개방하는 것이 여러 가지 면에서 상담 분위기를 고양시킬 수 있다고 말했다. 나아가 "상담자와 내담자는 자신들에 관한 이야기를 교환하거나 동감을 표하면서 시간을 허비하는 시점까지 자기 개방을 가속화시킬 위험이 있다"면서 자기 개방이 갖는 부작용에 대해서도 경고한 바 있다.

피트로페사, 호프만, 스플레트, 핀토 등은 저서 『이론과 연구, 활용으로서의 상담』에서 신뢰감을 증진시키는데 있어서 자기 노출의 역할에 대해 설명했다. 그들은 개인적 갈등과 관심사보다는 '여기 그리고 지금(here and now)'을 공유하는 것이 더 중요하다고 강조하고 있다.

은유적 표현에 귀기울이기

아동들은 종종 자신이나 타인의 입장, 어떤 상황에서 비롯된 자신들의 심정을 설명할 때 은유적 표현을 이용한다. 상담자는 이런 은유적 표현에 귀를 기울여야 한다(Listen for Metaphor).

"나는 더러운 걸레 같아요" "우리 선생님은 어떤 때는 순한 양이지만 또 어느 때는 사나운 사자 같아요" "나는 내 자신의 주위에 분필선을 그어놓고, 그 안에는 어떤 사람도 들어오지 못하게 해요".

이러한 은유적인 표현은 내담자에게서 자발적으로 나온 것일 수도 있으며 다음과 같이 상담자에 의해서 유도된 것일 수도 있다.

"한쪽 끝에는 걸레가 있고 다른 쪽 끝에는 불도저가 있다면 너는 어디에 있을까?" "너는 등에 무거운 짐덩어리를 짊어지고 다니는 것 같구나, 오늘 집으로 돌아갈 때 그것을 여기에 두고 가지 않을래?" "너는 직장에서나 학교에서 다른 사람과 좋은 관계를 유지하기 위해 계속 노력할 의사가 있니?"

위트머는 『인간성장의 길』이라는 저서에서 이러한 표현의 사용에 대해 "이미 알려진 것에 대한 이해를 증대시키기 위해, 알려지지 않은 면에 대한 통찰력을 제공하기 위해, 미학적이며 정서적인 강도를 표현하기 위해" 은유적 표현을 사용한다고 설명하고 있다. 현실요법에서 이러한 목적들은 변화를 유도하는 환경 조성에 도움을 준다. 그러나 은유적 표현이 저절로 직접적인 변화를 초래할 수 있는 상담 과정으로 연결되는 것은 아니다. 그럼에도 불구하고 은유적 표현의 사용은 현실요법을 활용하고 가르치는데 매우 유용한 도구가 될 수 있다.

테마에 귀기울이기

종종 아이들은 그들만의 언어로 자신들의 상황을 구체적으로 설명한다. 현실요법 치료자들은 내담자의 이야기를 경청하며 적절하게 해명하고 반영해 준다(Listen for Themes). 상담자가 털어놓는 이야기는 현실요법과 관련된 주제들이라는 사실을 염두에 두어야 한다. 치료자들은 우울이라는 주제, 더 구체적으로는 '아동이 주말에 우울했었다'는 사실을 발견할 수 있다. 집단 상담에서 치료자들은 집단 성원들의 희망 사항이나 지각하고 있는 바를 연결시킴으로써 상호 신뢰하는 분위기를 효과적으로 조성할 수 있다. 그리고 "집단의 각 성원들은 학교나 가정에서 자신의 생활을 스스로 통제할 수 있는 부분이 많아지기를 희망한다."라고 말함으로써 주제를 직접, 혹은 간접적으로 드러낼 수 있다.

주제에 대한 탐색이 현실요법에만 한정된 방법은 아니지만 나중에 설명될 상담 과정을 구축하는 환경을 마련하는 중요한 방법으로 매우 유용함을 알게 될 것이다.

요약하기와 초점 맞추기

주제를 경청하는 '테마에 귀기울이기'와 마찬가지로, 요약하기와 초점 맞추기(Summarize and Focus)와 같은 기법들은 상담자가 내담자의 이야기를 경청하고 있다는 것을 확인시켜 주는 의미를 지닌다. 여기서 '요약'이라 함은 단순히 이미 언급된 모든 내용들을 정리하여 다시 말하는 것이라기 보다는 현실 요법의 이론과 실제와 관련된 사항들에 대해서 요약하는 것을 의미한다. 물질적인 환경요약을 위한 평가 방법으로는 "너는 학교에서 하고 있는 것들은 네가 원하는 방식이 아니라고 이야기했다. 그리고 엄마와의 다툼이 도움이 되지 않고 친구들과 어울릴 때는 기분이 좋다고 이야기했다."와 같은 방식을 사용한다. 상담자는 내담자에게 도움이 되는 것뿐 아니라 비효율적인 행동까지도 요약해 준다.

상담의 초점은 항상 외부 환경이나 타인, 과거의 어떤 사건에 근거하는 것이 아니다. 초점은 늘 아동에게 맞춰져야 한다. 환경을 변화시키기 위해 할 수 있는 일은 거의 없다. 타인을 변화시킬 수도 없다. 그리고 과거의 일들은 이미 내담자의 영역을 떠나 있기 때문에 통제가 불가능하다. 그러므로 가정이나 학교에서 어려움을 겪고 있는 아동을 상담할 때 "누가 네 기분을 상하게 했지? 무엇이 문제니?"라고 묻는 것보다는 "네 기분이 좋아지기 위해 노력하는 것을 방해하는 너의 행동이 무엇인지 나에게 이야기해 주겠니?" 라고 묻는 것이 유용하다.

 초점 맞추기에서 상담자는 내담자의 즉각적인 바램을 고려한다. 유능한 현실요법 치료자라면 내담자가 타인에 대한 불만을 토로하고 싶어한다고 해서 그들을 꾸짖거나 무례하게 굴지는 않는다. 단, 내담자는 앞서 말한 통제할 수 없는 요인들에 대해 잠시 말하도록 격려받을 수도 있다. 그러나 상담관계를 유지하는 가장 좋은 방법은 아동이 현재의 자기 자신으로, 그리고 그들의 생활에서 통제 가능한 부분으로 가능한 빨리 돌아오는 것임을 스스로 인식하는 것이다.

결과를 허용하거나 부과하기

결과를 허용한다는 것(Allow or Impose Consequences)은 결과는 자신의 행동에서 비롯되었음을 인정하게 한다는 뜻이다. 공부를 게을리하면 낙제를 하고, 늦잠을 자면 학교에 지각을 한다는 것을 주지시켜 자신의 행동이 초래한 결과에 대해 책임을 지게 하는 것이다.

그러나 특별히 아동 상담에서는 결과가 아동의 연령에 맞고 합리적이어야만 한다는 전제를 포함하고 있다. 만약 결과가 아동의 생명에 위협을 줄 정도로 심각하다면 즉시 치료자가 개입한다.

허리히와 골든 등 많은 전문가의 윤리 강령에서 언급하고 있듯이 '내담자의 상태가 내담자 자신이나 타인에게 위험한 것이 명백하고 절실한 상황일 때 상담자는 그에 상응하는 합리적이고 적절한 행동을 취해야 한다. 또 필요한 경우에는 관계당국에도 알려야 한다.'

많은 경우 상담자들은 내담자에게 '결과를 부과할' 기회가 별로 없다. 그러나 몇몇 보호 관찰관들, 집단 보호소 상담자들, 극빈자 상담자들과 그 밖의 사람들은 내담자에게 규칙을 강요하고 위반 행위의 결과를 감독할 기회가 충분하다. 이런 상담자들이 때때로 규칙을 강요하고 행위를 감독한다고 해서 현실요법의 지향점인 건전하고 전문적인 관계조성이라는 조건에 상반되는 것은 아니다. 이럴 때 오히려 내담자는 자신의 한계를 깨닫고 체계적으로 행동하게 된다.

집단 보호소의 규칙을 지키지 않는 아동에게는 그에 따른 권리도 상실함을 깨우쳐 준다. 집행유예의 한계를 어긴다면 기소를 당하거나 유예 기간이 훨씬 길어지는 결과가 발생한다는 것을 깨닫도록 해야 한다. 이런 결과의 부과는 단순한 처벌의 차원에서 행해져서는 안된다. 즉, 사적인 처벌 목적이 없어야 한다는 뜻이다.

윤리적으로 행동하기

안정된 치료 환경을 조성하는데 있어 현실요법 치료자가 높은 윤리 기준을 고수하는 일(Be Ethical)은 무척 중요하다. 위트머는 상담 관계를 더욱 명확하게 하기 위해 전문가 약력소개서(a statement of professional disclosure)를 제안하였다. 실제로 미국 오하이오주에서는 상담가와 사회사업가들에게 약력소개서를 요구하고 있기도 하다. 상담자와 사회 사업가들은 내담자에게 이름, 직위, 직장 주소, 전화번호, 교육 경력, 전공 분야 등의 내용이 담긴 서류를 제시해야 한다. 이렇게 자기 소개서를 제시함으로서 내담하는 부모와 아동들은 자신의 상담을 맡아줄 사람에 대해 쉽게 이해할 수 있다.

우볼딩은 현실요법 치료자는 현실요법 이론에 관한 모든 정보를 제시해야 하며 이러한 윤리적 행동들은 상담관계를 구조화하는데 도움을 준다고 피력하고 있다. 이것은 상담의 장점과 단점 그리고 상담 결과의 제한점들을 명확히 해야 한다는 의미다.

또한 그는 다양한 조직체의 윤리조항에 포함된 원칙들을 철저히 숙지해야 하는 근거뿐만 아니라 내담자가 자살할 위험이 있을 때 현실요법 치료자가 준수해야 하는 사항들에 대해서도 상세하게 설명하였다.

변명 받아들이지 않기

현실요법의 가장 중요한 금지사항들 중 하나는 변명을 받아들이지 말라(Don't Accept Excuses)는 것이다. 내담자들은 '교통이 막혀서 늦었다' '시험이 공정하지 못했기 때문에 낙제했다' '거절당했기 때문에 우울하다'며 변명을 늘어 놓는다. 그러나 상담자가 지나치게 동정적이어서 내담자를 외부에 의해 통제되고 있는 무기력하고 피동적인 존재로 생각한다면 상담을 통한 변화는 거의 일어나지 않는다.

이때 상담자가 내담자의 변명에 동의하는 것은 내담자의 낮은 자존심과 무가치함을 강화시켜 주는 결과를 초래할 뿐이다. 책임질 수 있는 계획을 세우고, 목적을 이루기 위해서 확고한 노력을 보일 때만 변명 이상의 효과적인 통제력을 가져온다. 그러므로 "선생님이 나를 싫어해요." "그 과목은 재미없어요." "이 지루한 주제에 관해서 누가 관심을 기울이겠어요"라고 하면서 자신의 낮은 점수를 변명하는 아동들에게 "선생님이 너를 왜 좋아하지 않을까?" "그 과목이 왜 지루할까?" "그 과목이 재미없다고 했는데 무엇 때문이지?" 라고 물어보는 것은 아무런 도움도 되지 않는다.

이런 대응은 내담자에게 변명할 수 있는 기회를 주고 외부상황 때문에 실패했다는 이유를 더 만들어 낼 뿐이다.

비판하거나 논쟁하지 않기

　때와 장소를 막론하고, 어떤 상황이라 할지라도 아동을 얕잡아 보거나 굴욕감을 느끼지 않도록 하는 것이 중요하다. 상담자는 아동을 비판하거나 그와 논쟁을 해서는 안된다(Don't Critisize or Argue). 심지어 간접적인 비난만으로도 상대는 자신을 경계하거나 거절하는 것으로 받아들일 수 있다. 그러므로 긍정적인 존중은 로저(Rogers)의 자아 이론에서처럼 현실치료에서도 기본적인 것이다. 이러한 원칙을 어기는 것은, 매순간의 전 행동은 그것이 욕구를 만족시킨다고 믿기 때문에 일어난다는 통제이론의 원칙들을 어기는 셈이다.

　논쟁을 하는 것도 무가치한 일이다. 논쟁은 한 사람의 사진첩(picture album) 또는 지각체계가 다른 사람의 것보다 우세하다고 주장하는 것에 불과하다. 자신이 '부당하게' 대우받고 있다고 생각하는 사람에게는 누군가가 그러한 대우가 정당했다고 설득하는 것은 아무런 도움도 주지 못한다. 요컨대, 어떤 사람이 교통위반 딱지를 뗐다면 그러한 대우는 그에게는 '부당'하다. 왜냐 하면 똑같이 고속도로를 지나간 다른 운전자들은 딱지를 떼지 않았기 때문이다. 한 가지 간과해서는 안될 것은 결과의 정당성과 부당성만 문제삼는다면 교착상태를 초래할 뿐이라는 점이다. 그것은 지각된 욕구 충족에 대한 문제이다.

쉽게 포기하지 않기

치료자들에게는 강한 인내심이 필요하다. 즉, 쉽게 포기해서는 안 된다(Don't Give Up Easily)는 뜻이다. 치료자는 내담자가 기대하는 것 이상으로 인내할 준비가 되어 있어야 한다. 대부분의 아동들이 남의 탓이라고 변명하거나 요구사항을 따르지 않고 저항하는 이유도 상담자로 하여금 자신들을 포기하게 만들려는 시도일 확률이 크다. 그렇다 하더라도 현실요법 치료자들은 모든 유능한 상담자가 그러하듯이 희망이 있다는 것을 확고하게 믿어야 한다.

초보적인 현실요법 치료자 중에는 결과가 즉시 나타나지 않을 때 카운슬링 사이클을 포기하고 싶을 때도 있다. 이런 현상은 현실요법의 어휘가 복잡하지 않고 쉽게 활용할 수 있기 때문에 현실요법 자체를 쉽게 보는 데서 기인하는 것 같다. 그러나 현실요법 기술들을 능숙하게 활용하려면 반복되는 연습과 지도감독이 필수적이다.

상담관계에서 형성되는 분위기도 매우 중요하다. 상담분위기에 따라 내담자가 변하느냐 변하지 않느냐가 좌우될 수도 있기 때문이다. 교육이나 관리의 성공여부도 신뢰관계에 의해 결정된다고 할 수 있다. 글라써는 저서 『질높은 학교』에서 '성공적인 학급 운영은 모든 강압을 없애는 것'이어야 한다며, 학교 환경의 중요성을 역설하였다. 마찬

가지로 우볼딩은 감독자와 관리자들을 위한 가장 성공적인 방법으로써 참여(involvement)에 의한 관리(MBI)를 강조하였다.

　현실요법을 효과적으로 활용하는데 있어 민주적이고 참여적인 분위기가 필요한 것은 사실이지만 이것만으로 충분하다고 볼 수는 없다. 현실요법 상담절차의 능숙한 사용은 앞서 언급된 변화가 일어날 때에 이런 기초에 근거하여 형성된다. 분위기와 절차의 병합과정을 상담 사이클이라 한다.

어린이를 이해하는 4단계

　상담 환경은 변화를 이끌어 내는 효과적인 상담절차의 토대가 된다. 우볼딩은 이러한 절차나 '결단력'이야말로 내담자가 변하는 것을 돕기 위해 사용되는 도구라고 말한다. 그것들은 직접 혹은 간접적으로 가르쳐져서 내담자가 방향을 설정하는 데 유용한 도구가 된다. 이러한 절차는 아동들에게도 매우 효율적이다. 플로이드는 초등학교 아동들에게 적용시킨 결과 나이 어린 아동들이 이 체계에 무척이나 열성적으로 임했다는 연구결과를 발표했다.

　행동 변화를 위한 상담절차는 단순히 일정한 단계로 인식하기보다는 일명 WDEP라는 네트웍(network) 체계로 보아야 한다. 따라서 다양한 시점에서 접근할 수 있는데 접근할 시점을 결정하는 것은 현재의 문제와 근본적 문제로 분류할 수 있다. 예를 들어, 만약 어떤 아동이 규율문제로 상담을 의뢰하였다면 '내담자 자신은 무엇을 하고 있는가?' '치료를 의뢰하도록 한 전 행동이 무엇인가?'에 대해서 생각해 보는 것이 가장 유용한 접근일 것이다. 나오미 글라써는 현실요법의 상담과정을 8단계로 나누어 설명하였지만 두 개의 일반요소로 나누어 보는 것이 더 도움이 될 것이다. 최근 우볼딩은 상담환경과 상담과정으로 구성된 사이클(그림1)로써 전달 체계를 설명한 바 있다.

아이가 바라는 것을 알아본다

상담관계를 원활히 하고 상담을 통한 변화과정에서 필수적인 것은 내담자의 소망이나 바램에 대한 명확한 정의와 결단력이다. 상담자는 내담자가 원하는 정확하고 구체적인 '질적세계(Quality World)'를 마음속으로 그려보도록 요구한다. 그러나 이렇게 사진으로 바램을 표현할 경우, 아동들이 원하는 것이 분명하지 않을 수도 있다. 아이들은 보통 자신이 원하는 바가 불분명하므로 "학교에서 너는 무엇을 하기를 희망하니?"라는 질문을 하면 "모르겠어요" "없어요"라는 식으로 대답해 버리기 쉽다. 그들은 종종 "부모님이 절 그냥 내버려 뒀으면 좋겠어요" "혼자 있게 해 주길 원해요"라고 말한다.

이처럼 그들은 자신의 희망사항을 자세하고 분명하게 설명하지 못한다. 따라서 현실요법 치료자들은 아동이 자신의 바램을 명료화시키고 정의할 수 있도록 도와줄 필요가 있다. 바램들을 명료하게 정의하는 것이 매우 중요한 작업이다.

말츠는 위너의 연구에 덧붙여 '마음속으로 그림 그리기'나 '원하는 바를 분명하게 정의하기'가 성공적인 생활을 위한 첫번째 단계라고 말했다. 글라써도 자신의 머리속에 그리는 사진들이야말로 '사람이 살고 싶어하는 세계'라고 설명했다. 그러므로 내적 세계를 분명하고 정확하게 정의하는 것은 효율적인 현실치료의 과정으로써 매우 중요하다.

개개인이 갖는 바램(사진들)은 다섯 가지 욕구와 관련되어 있다. 따라서 머릿속에 떠올리는 사진들은 각 개인들이 생각하는 높은 가치와 질을 내포하고 있다. 그러므로 바램의 집성체는 각 개인에게 높은 질을 추구하는 중요한 것이며 '질적세계'라고 불리워진다.

만약 내담자가 질적세계라는 앨범에 특별한 사진을 채워왔다면 상담자는 그것이 무엇인지에 대해서 설명할 수 있도록 돕는 것이 유용하다. 아이들은 보통 자신의 질적 세계를 표현함에 있어 "내가 원하는 것을 할 수 있는 자유를 가지는 일이에요"라는 식으로 대답하곤 한다. 이것은 내담자의 바램이 광범위하여 명확하고 특정한 사진을 가질 수 없는 경우다. 이처럼 바램이 실현하기 힘들거나 실현 불가능할 때 상담자는 다른 그림을 고안하도록 내담자를 도울 수 있다.

상담자는 내담자의 부모에게 다음과 같은 질문을 한다 "부모님은 자녀를 어떻게 생각하십니까?" 심각할 정도로 혼란스러워 하는 아동의 경우, 부모들은 "그 아이는 게으르고 반항적이며 퉁명스럽고, 비협조적이고, 감사할 줄 모르는 아이예요"라고 대답한다. 물론 바램 또는 탐색과 관련하여 "당신은 아이에게 무엇을 원하십니까?"와 같은 질문을 할 수도 있다.

아이의 바램과 지각을 함께 나눈다

현실요법에서는 상담자가 내담자의 바램을 분명하게 내담자와 공유하는 것이 바람직하다. 예컨대, 몇번에 걸쳐 상담을 받으러 오기, 변화를 위해 노력하기, 계획을 실천하기, 정직하기 등을 함께 정하고 공유하는 것이다.

페넬의 범주를 인용하여 다양한 제한을 살펴보자.

1. 시간제한 : "우리는 30분 동안 만날꺼야, 그리고 나서 나는 너의 부모님과 20분 동안 상담을 할 것이다."
2. 역할제한 : "나의 일은 … 이다. 너의 일은 … 이다. 우리의 일은 네가 살아가는데 있어 더 좋은 방법을 우리가 함께 찾아내는 것이다."
3. 과정제한 : "네가 최선을 다하고 있는지 나는 너의 행동을 점검하고 평가해 줄께"
4. 행동제한 : "새로운 방법으로 문제를 해결할 수 있는 방법들을 나는 제안할 것이다."

구조화 양식 이외에도, 상담자는 내담자에게 전문가 자격으로 치료자로서의 교육배경과 기밀성의 특성과 한계 등 부가적 정보를 제공한다.

상담자가 내담자와 지각을 공유하는 것은 서로의 관계를 증진시키고 변화하는데 기본적 바탕이 된다. 상담자는 일만 하는 부모에게 "당신의 18시간 근무는 자녀들과의 충돌을 유발하는 작업량으로 보여깁니다."라고 말할 수 있다. 10대의 부모에게는 "당신의 자녀는 비록 작은 일일지언정 칭찬을 필요로 한다고 봅니다."라고 말할 수 있다.

　이처럼 현실요법에 있어 상담자는 적극적인 역할만을 수행할 뿐 권위적인 역할을 수행하지는 않는다. 바램과 지각을 공유한다는 것은 연설이나 충고를 삼가한다는 뜻이다. 치료자는 내담자가 변화하는 과정에서 자신이 동반자 역할을 한다고 생각해야 한다.

약속에 대한 확답을 얻는다

변화가 시작되기 전에 내담자는 상담자를 높은 지각 수준에서 인식해야만 한다. 즉, 상담자가 자신에게 무엇인가를 제공할 수 있으며 도움을 줄 수 있는 사람이라고 인식해야 한다는 뜻이다. 상담자는 내담자로 하여금 열심히 공부하고, 잘 참고, 때로는 모험도 하고, 변화에 따르는 불편함도 감수하고, 사람들과 잘 어울릴 수 있는 마음을 갖도록 도와준다. 그러나 이러한 확약은 첫 번째 단계에 불과하다. 이후의 상담을 통해 내담자가 가지는 변화에 대한 저항과 거부감까지 완전히 제거해 주지는 못한다.

원하는 것에 맞게 행동하라

앞서 언급되었듯이, 행동하기(Doing)에는 '행하기, 사고하기, 느끼기, 생리기능'이라는 네 가지 측면이 있다.

일반적으로 현실요법이 인간의 감정과 정서를 다루거나 논하지 않는다는 생각은 매우 잘못된 인식이다. 이런 그릇된 인식은 아마도 현실요법의 행동체계에서의 '행위' 측면에서 기인한 것 같다. 그럼에도 불구하고 행동 요소뿐만 아니라 행동체계를 전반적으로 논하는 것은 중요하다. 이런 것들이 단순히 정적인 상태가 아니라 동적인 요소로 보여짐으로서 행동하기(doing)라는 말은 '전 행동(total behavior)'이라는 개념으로 적절히 대체될 수 있다.

행동하기 과정에는 다음의 중요한 두 가지 측면이 있다.

행동 방향을 탐색한다

내담자는 자신의 행동 방향을 알지 못할 때가 많다. 일만 하는 부모에게 다음과 같은 질문을 하라. "18시간 근무는 당신과 당신 가족을 어디로 이끌었습니까? 5년 내에 당신과 자녀의 관계는 어떻게 되어 있겠습니까?" 또 아동에게는 "싸움을 하거나 낙제를 했을 때 너의 행로는 어떻게 될까? 만일 이런 일이 계속되면 몇주나 몇달 후에 넌 어떻게 될까?" 하고 물어본다.

특정행동을 탐색한다

　감정에 대해서 토론하는 것은 바람직한 일이다. 그러나 더욱 필요한 것은 그것들을 전 행동의 행동적인 면과 연결시켜야 한다는 것이다. 왜냐 하면 감정을 변화시키는 것보다 행동을 변화시키는 것이 더 쉽기 때문이다.
　요컨대, 여행용 가방이 4칸으로 나뉘어져 있듯이 행동을 네 가지 구성요소로 나누어 생각해 보면 쉽다. 가장 높은 단계는 행하기이고 그 밑에 사고하기, 느끼기, 생리적인 면이 있다. 여행용 가방 손잡이는 행동에 비유할 수 있다. 가방의 손잡이를 들어올리면 손잡이에 연결된 가방전체가 들어 올려지는 것과 같은 이치다. 즉, 행동을 바꾸면 사고와 느낌, 생리적인 면까지 쉽게 변할 수 있다는 뜻이다. '새로운 사고방식으로 행동하는 것보다 새로운 행동방식으로 사고하는 것이 더 쉽다'라는 속담도 있지 않은가?
　상담자는 네 가지 수준에서 행동을 논의할 수 있도록 내담자를 격려한다. 이때 하루, 아침, 한 시간, 사고와 사건 등 특정한 시간을 탐색해 보는 것도 유용하다. 전 행동의 일반적인 방향에 대해서 점검해 보는 것도 중요하지만, 한 번에 하나씩 작고 측정가능한 변화가 진정한 변화의 방향이 될 수 있기 때문이다. 그러므로 상담자는 전반적인 사건보다는 특정한 사건을 설명하는 TV카메라가 될 수 있도록 내담자를 도와주어야 한다. 따라서 "어떤 일이 일어났니?" "너는 무엇을 했니?"라는 질문은 현실요법에서 매우 중요하다. 전체 행동뿐만 아니라 특정행동을 탐색하는 것이 현실요법에 있어서는 다음 단계의 중요한 기초가 된다는 것이 저자의 견해이다.

제일 중요한 것은 평가이다

　상담 과정 절차와 환경의 전체적인 과정을 하나의 사이클로 본다면, 상담 과정 절차는 아치형을 이룬다. 그 아치형의 가장 중요한 부분이 바로 '평가(Evaluation)'이다. 평가가 제대로 이루어지지 않으면 상담 진행 절차가 실패로 끝날 정도로 평가는 매우 중요한 부분이다.
　성인이든 아동이든 간에 현재의 행동이 자기에게 이익을 주지 못한다는 평가조차 하지 않는다면 행동을 바꾸지도 않을 것이며 더 나은 길을 선택하지도 않을 것이다. 나아가 많은 보상이 따르는 목적지로 길을 떠난다는 것은 더더욱 어려울 것이다. 효과적인 변화는 내담자의 생활의 다른 면들과 전 행동, 바램, 지각과 관련된 판단에 달려 있다.
　현실요법에서의 '평가'는 다른 상담 이론의 '평가'와는 다른 의미를 지니고 있다. 현실요법에서의 상담 진행 절차는 사정적 평가나 '임상적 진단'은 아니다. 오히려 그것은 내담자의 사고 과정에서 일어나는 일련의 가치 판단, 의사 결정, 그리고 변화이다. 사고의 재구조화 과정에서 내담자는 자신이 원하는 삶의 방향으로 가고 있는지, 특정한 현재의 행동이 자신에게 도움이 되는지 또는 그렇지 못한지, 자신이 원하는 것을 얻을 수 있는지, 없는지, 유용한지 유용하지 못한지, 지각하고 있는 것이 비효과적인지, 그리고 미래의 행동 계획이 자신의 욕구를 충족시켜 주는 행동인지에 대한 결론에 도달한다.
　때로는 전통적인 평가과정에 의문이 제기되기도 한다. 현재 현실요법에는 특별히 표준화된 평가 도구는 없다. 따라서 일부 치료자들은 자격 요건이 허용하는 한도 내에서 다양한 검사(inventory)를 하기도 한다. 그러나 현실요법의 근간을 이루는 이론적 특성상 투사 기법은 별로 지지를 받지 못한다. 앞서 설명한 원칙에 근거하여 볼 때 현실요법은 인간의 행동과 동기는 사고 수준에서 형성되고 존재하므로 매우 의식적인 것이라고 보고 있다. 내담자가 처음엔 어떤 내적 동기를 의식하지 못한다 하더라도 내담자는 이런 생각들을 활동의 중심으로 가져올 수 있다. 평가의 구성 요소에 대해서 보다 자세하게 알아보자.

행동의 방향성에 대하여

　예컨대 반항적 성향이 강한 아이와 지나치게 일만 하는 부모가 내담했다고 가정하자. 이때 상담자는 내담자에게 자신의 삶의 방향성에 관해 전반적으로 검토해 보라고 한다. 예컨대, 부모에게는 다음과 같은 질문을 한다. "지금 이런 당신의 행동이 어떤 결과를 가져올까요? 하루 18시간 동안 전력을 다해 일만 하는 것이 정말로 당신과 당신 가족, 동료들에게 도움이 될까요?" "이같은 방침이 당신의 신체 건강과 정신 건강에 어떤 영향을 미치고 있나요?" "이런 생활 양식이 어떤 결과를 가져올까요?" "당신의 전반적인 방향이 자녀에게 도움이 되나요, 아니면 해가 되나요, 또는 보다 효과적으로 모든 일을 대처할 수 있도록 도와주나요?"

아이에게는 "가정이나 학교에서 반항적으로 행동하는 것이 너를 이로운 방향으로 이끌고 있니?"라는 물음을 던진다.

현재의 특정한 행동에 대하여

내담자로 하여금 현재의 구체적인 행동을 평가하도록 한다. 내담한 부모에게 다음과 같은 질문을 던진다.

"어제 점심과 저녁을 거른 채 밤 11시까지 일하고 5일 동안 줄곧 아이들을 보지 못한 것이 당신의 상황에 정말 도움이 되었습니까?" "얼굴을 붉히고 아들에게 소리쳤을 때 효과적이었다고 생각하셨습니까? 당신의 아들에게 미친 결과와 영향은 무엇이었습니까?"

아동에게는 다음과 같은 질문을 할 수 있다.

"만약 네가 부모님에게 소리칠 때 말고는 제대로 말을 하지 않는다던가 또는 학교에서 공부도 잘하지 못한다면, 네가 원하는 것을 얻게 될까?" "그랬을 때 부모님이 너를 정말 '내버려' 둘 수 있을까?"

이런 평가는 내담자가 마음속으로 자신의 행동과 희망 사항을 연결시키는데 도움을 줄 수 있기 때문에 매우 중요한 부분이다.

여기서 주의할 점은 개인의 전반적인 행동 방향과 특정하고 구체적인 행동들은 자신(자신의 바램), 타인(친구 또는 가족), 학교와 같이 주위에 있는 다른 모든 사람들에게 미치는 결과에 의해서 평가되어진다는 것이다.

자신의 바램에 대하여

상담자는 내담자가 자신의 다양한 바램들이 현실적으로 성취될 수 있는지의 여부에 관해서 판단할 수 있도록 돕는다. 이때 상담 관계에 있어 상대방으로 하여금 서로에 대한 각자의 기대치를 평가하도록 하는 것은 매우 효과적이다. 자신의 바램에 대한 명확한 정의와 그것의 성취 가능성에 대한 현실적 평가는 변화 과정에서 또다른 중요한 부분이 된다.

부모에게는 "여러분의 자녀가 항상 정확하고, 명랑하고, 잠시도 한눈을 팔지 않고, 규칙에 무조건 따라 주기를 바랄 때 어떤 일이 생기나요?"라는 질문을 해본다.

반면에 아동에게는 다음과 같은 질문을 해 본다. "숙제를 하지 않고 집에는 지켜야 할 규율도 없고 네가 원하는 것은 뭐든지 할 수 있고, 원할 때마다 혼자 있을 수 있으며, 용돈도 더 많아지고 네가 원하는 모든 것을 얻는다는 것이 얼마나 현실적이라고 생각하니?" "너의 부모님이 네가 학교에서 공부도 안하고, 잔심부름이나 동생들을 돌보는 일을 하지 않도록 허락해 주신다는 것이 얼마나 실현 가능할까?"

어쩜, 내가 그리던 사진첩의 이상형이잖아

지각에 대하여

직접적으로 지각을 변화시키는 것은 매우 어려운 일이다. 대개 지각은 단순히 마음만 먹는다고 변화되는 것이 아니다. 그것은 행동을 변화시킴으로써 변한다. 그러므로 자신의 부모가 공정하지 못하다고 생각하는 아동의 지각은 추상적인 선택으로 쉽게 변화되지 않는다. 대개 그러한 내담자들은 우선 그들의 행동을 바꿀 수 있도록 도와주어야 한다. 즉, 그들이 과거에 했던 것과 다르게 부모를 대하는 것이다. 그리고 나면 지각의 변화가 일어날 가능성이 더욱 높다. 물론 이러한 작업이 쉬운 것은 아니다. 그래도 내담자에게 자신의 지각에 대한 가치 판단을 하도록 돕는 것은 필요하다.

이럴 때 부모에게는 다음과 같은 질문을 한다. "당신의 자녀를 게으르며 반항적이고 퉁명스럽고, 공정하지 못한 교사에 의한 희생물이라고 보는 것이 당신에게 도움이 됩니까?" "그러한 식으로 자녀를 바라보는 것 이외에 또 다른 방법은 없는지요?"

아동에게는 "네가 부당하게 대우받고 있다는 생각에 집착하는 것이 정말로 너에게 도움이 되니?" "네가 집이나 학교의 부정적 측면들만을 볼 때 너는 기분이 좋으니, 나쁘니?" "그런 식으로 생각하는 것이 너를 즐겁게 하는데 도움이 되니?" 와 같은 질문을 던진다.

새로운 방향성에 대하여

현재의 방향 평가와 밀접한 연관이 있는 것이 새로운 방향에 대한 판단이다. 만약 가정을 돌보지 않고 일만 하는 사람이 현재의 방향이 가족에게 해를 끼치고 있다고 생각하여 다른 방향으로 선회할 것을 결정했다면, "이러한 새로운 방향 모색이 당신과 당신의 가족에게 도움이 될까요?"란 질문으로 가치 판단을 하도록 도와준다.

아동이 자기 파괴적인 행동에서 새로운 행동으로 전환할 때도 이런 변화에 대한 평가는 이루어져야 한다. "지금까지 네가 일 주일 내내 방을 깨끗이 청소해 왔는데 너의 기분이나, 부모님이 너를 대하시는 것, 혹은 찾고자 하는 물건을 쉽게 찾아내는데 어떤 변화가 생겼니?"

계획에 대하여

내담자가 새로운 방향을 선택할 때, 상담자는 내담자가 그 계획이 좋은 계획인지의 여부를 판단하도록 돕는다. 이때 적절한 질문은 '누가' '언제' '어디에서' '얼마나 자주'와 같은 것들이다. 내담한 아동이 "나는 부모님에게 공손히 말할 거예요"라고 새로운 방향을 말했다면 상담자는 "언제 그럴거니? 그 상황에 대해서 자세히 설명해 줄래?"라고 말한다. 또 부모가 자녀와 질적으로 풍부한 시간을 보낼 계획을 세울 때, 유능한 현실요법 치료자라면 아래와 같은 효과적인 계획의 특징에 근거하여 현실적인 계획을 세우도록 내담자를 돕는다.

자신의 행동과 능력에 대하여

유능한 현실요법 치료자라면 추후 조사를 통해 자신이 한 일을 평가해 본다. 이렇게 함으로서 상담자는 다음의 상담 회기에서 계획을 검토하고 내담자가 자신이 원하는 바를 정의하는 것을 계속적으로 도와주며 평가를 할 수 있다. 나아가 욕구충족을 보다 더 효과적으로 할 수 있는 계획을 마련해 줄 수 있다. 지속적인 지도를 받고 다른 상담자들과 의논을 하는 것도 매우 중요하다. 우볼딩이 추천한 바와 같이 '책임 소재를 확대시키기'는 매우 효과적인 원리이다.

상담자는 내담자에게 필요한 서비스를 제공하는 것이 혼자서만 하는 일이 아님을 알아야 한다. 자신의 상담이 의심될 때엔 적합한 행동을 했다고 확신하기 전에 다른 사람들과 상의해 보아야 한다. 상담 사이클과 현실요법에 관한 문헌에는 복잡한 용어가 거의 없는 것이 특징이다. 따라서 원리를 이해하는 것은 비교적 수월하지만 실제로 행하기는 상상외로 어렵다. 요컨대, 현실요법 수련자들이나 숙련된 치료자들조차도 내담자가 자신의 바램을 표현하고 적당한 평가를 하도록 도와주는데 종종 실패한다. 현재의 행동을 정의하며 계획을 세우는데 많은 시간을 허비하면서도 원하는 것에 대한 명료화와 평가, 또 꼭 필요한 과정들을 흔히 빠뜨리는 실수를 범하기 쉽다.

상담자는 현실요법을 비롯한 다른 일반적인 상담의 경향의 변화에 대해 지속적인 교육을 게을리하지 말아야 한다. 이런 노력은 자기평가 형태의 하나로서 반드시 필요하다.

결과적으로, 상담 사이클에 있어서 평가는 상담과 환경을 밀접하게 연결하는 하나의 축을 이룬다. 현실요법 치료자들은 내담자가 그들의 통제 체계(바램, 행동, 지각)를 평가하도록 도울 뿐만 아니라, 상담자 자신의 전문가적인 행동과 일반적인 능력을 평가하는데 상당한 노력을 쏟는다.

집을 짓는 마음으로 계획을 세워라

상담과정 전체가 하나의 건축물이라면, 평가는 주춧돌에 해당한다고 할 수 있다. 계획은 상부 구조나 건축물을 짓는 목적에 해당한다. 그만큼 계획도 중요하다.

행위에 대한 계획은 변화에 결정적인 요소가 된다. 글라써는 '계획은 복잡할 수도 있지만 단순할 수도 있다'고 말한다. 또 '계획은 항상 있어야 하는 것이다. 큰 목적을 성취하기 위한 일련의 작은 장기 계획 없이 살아가는 사람들은 노없이 떠다니는 배와 같다'고 덧붙이고 있다.

상담자가 보다 세밀한 상담 과정과 환경 요소를 적절히 잘 이용한다면 상담은 훨씬 수월해질 것이다. 그럼에도 불구하고 상담이 효과적이려면 머릿글자를 따와 SAMIC[3]이라고 표현되는 일곱 가지 속성을 알아야 한다. 일곱 가지 속성의 특징을 보면 단순해야 하며 성취가 가능해야 하고 측정이 가능해야 한다. 또 직접적이고 확약적이고 일관성이 있어야 하며 계획자가 통제 가능하여야만 한다. 각 계획마다 이 모든 것을 포함시키기는 어렵지만 가능한 한 많이 포함시키는 것이 바람직하다. 이 일곱 가지 속성의 자세한 내용을 살펴보자.

단순함 (Simple)
계획은 분명하고 복잡하지 않아 아동이 쉽게 이해할 수 있고 기억할 수 있어야 한다.

성취가능함 (Attainable)
거창한 계획보다는 '현실적으로 실현 가능'하여서 아동이 바람직한 변화를 일으킬 수 있어야 한다. 지나치게 어려운 계획은 실패를 초래하기 쉽다. 따라서 아동에게 실패감과 무력감만 느끼게 할 뿐이다.

측정가능함 (Measurable)
효과적인 계획은 "언제 그 일을 할거니?" "어디서?" "어떻게?" "누구와?" 등과 같은 질문에서 보이듯 정확성과 정밀성이 그 특징이다. 그러한 상세함이야말로 성공적인 상담을 보장한다.

직접성 (Immediate)
치료 회기 동안이나 그 직후에 계획을 실행해 보는 것이 바람직하다. 예를 들면, 그 계획을 역할 연습하거나 시연해 보면 계획을 실행할 가능성을 높혀준다.

계획자가 통제함 (Controlled By The Planner)
계획에 내담자 이외의 다른 사람의 행동이 수반되어서는 안된다. "난 부모님이 깨워 주시면 늦지 않고 학교에 갈 꺼야"라는 계획은 "나는 내일 아침 6시 30분으로 시계를 맞춰 놓고 알람이 울리면 일어날 꺼야"라는 계획만큼 효과적이지 못하다.

확약함 (Committed To)
일부의 나이 어린 내담자들은 상담에서 결정된 새로운 방향에 따르거나 새로이 시작하는 것에 동의하는 정도가 미약하다. 현실요법을 사용하는 상담자는 내담자로부터 확고한 약속을 이끌어 내도록 한다. 이는 만일 내담자가 진정으로 자신의 현재 행동이 효과적이지 않다는 내적 평가를 내렸다면, 그리 어려운 일만은 아니다.

일관됨 (Consistent)
계획은 되풀이 되어져야 한다. 단 한 번의 계획만으로 끝날 수도 있지만 변화가 일어나려면 아동에겐 일관된 계획이 반복적으로 되풀이 되어야 한다.

이 같은 SAMIC³ 체계를 아동에게 가르치면 가정에서, 학교에서, 그리고 상담 회기에서 이용할 수 있다. 그러나 아무리 계획 단계가 중요하다 할지라도 내담자가 느끼기에는 자칫 강요되거나 단일 방법이라고 오인할 소지도 있다. 효과적인 계획은 강요되는 것이 아니며 시기상조로 이루어져서도 안된다.

대개의 경우 계획은 바램에 대한 신중한 정의, 전 행동에 대한 기술, 행동의 효과에 대한 평가와 바램의 성취 가능성에 대한 평가에 의해 단계적으로 수립되어야 한다. 계획은 상담 사이클에 있어 최후의 과정이다. 계획 역시 WDEP절차들 중의 한 부분이며 하나의 구성 요소로 보아져야 한다.

WDEP 체계는 하나의 단위, 즉 한 구성 요소가 다른 구성 요소들에 영향을 미치는 체계로 접근해야 한다. 하위 체계들인 W, D, E와 P는 순차적으로 이루어져야 하는 분리된 단계들은 결코 아니다. 어떤 순간에 가장 적절하게 관련된 요소가 무엇인지 체계에서 이끌어 내는 것이 훨씬 적절한 방법이다. 요컨대, 만일 아동이 어떤 문제에 닥쳤다면, 아동이 원하는 것을 파악하기 보다는 행동, 즉 발생한 사건이나 아동이 한 일을 주제로 시작하는 것이 좋다. 현실요법을 사용하는 사람들은 경청과 연습, 그리고 지도 실습을 통해서 어디서 시작하고 어떻게 상담 사이클을 진행시켜 나아갈지에 대한 감각을 키울 수 있다.

지금까지 살펴본 바와 같이 현실요법은 상담 사이클에서 설명된 여러가지 요소들의 전달 체계로 보아야 한다. 또한 현실요법은 통제이론이라고 불리는 두뇌 기능 이론에 근거하고 있으며 이 통제이론은 두뇌를 '정보 통제 체계', 즉 조각가가 만들고 싶은 욕구에 따라 진흙을 주조하는 것처럼, 유기체는 외적인 세계를 주조해 내는 것에 목적을 두고 행동을 산출한다고 설명한다.

이러한 바램은 소속감, 힘, 즐거움, 자유, 의존심과 같은 더욱 일반적이고 내재적인 욕구들과 관련되어 있다. 상담 사이클은 현실요법의 실제와 과정의 전달 체계를 기술해 놓은 것이다. 나아가 상담 사이클은 상담에 도움이 되는 환경을 조성하는 것으로 이루어져 있다. 환경적 요소들은 현실요법 특유의 기법들과 다른 상담이론들과도 공통적인 기본적인 신뢰감 형성 기술로 구성된다.

상담 사이클은 또한 생산적인 변화들을 이끌어 내는 절차들로 구성된다. 이런 기술들은 효과적인 평가, 그리고 더욱 효과적인 통제, 성공적인 정체감 확립, 생산적인 삶에 순차적으로 목적을 두는 계획 수립으로 연결된다. 이러한 상담 과정들은 바램(W), 행동(D), 평가(E), 계획(P)의 머릿글자를 딴 **WDEP**로 요약된다.

당신이 상담자라면

12세 된 수잔이 상담을 의뢰해왔다. 수잔에게는 10세 된 남동생 커트와 13세 된 언니 엘렌이 있다. 가정환경은 아버지가 몇 년째 알콜중독 초기상태에 있었다는 점을 비롯해 비교적 부정적이다.

사실 수잔의 아버지는 일할 수 있는 능력이 충분하며 실제로 큰 회사의 유능한 중견간부였다. 반면에 어머니는 결혼 초기에는 전업주부로서 집안에 머무르며 아이들을 보살폈지만 얼마 전에 대학을 졸업하기 위하여 학교로 돌아갔다. 그리고 현재는 여행사 과장으로 일하고 있다.

여행사에 근무하는 수잔의 어머니가 여행을 위해 집을 비운다는 이유로 아버지는 매우 불쾌해 하였다. 이것을 시작으로 두 사람의 불화는 계속되었지만 가정내 폭력이나 아동학대는 없었다.

수잔은 처음 4학년까지만 해도 학교생활은 원만했으며, 성적도 A와 B를 받고 가끔씩 C를 받을 정도로 우수했다. 수잔은 뛰어난 영재는 아니었지만 늘 평균이상이었고 협동심과 리더쉽이 뛰어났다. 학급에서의 리더로 활약했으며 '교사의 기쁨'이라고 불리워질 정도로 활동적이었다.

그러나 5학년 때부터 그녀는 가끔씩 위축되거나 공격적인 모습을 보이기 시작했다. 그녀의 성적은 평균 이하로 떨어졌고 겨우 낙제를 면할 정도였다. 선생님은 수잔이 수업에 거의 관심을 보이지 않으며 다른 학생과 자주 싸운다고 했다. 또 싸우고 난 뒤에는 스스로 위축되어 하루종일 거의 아무 말도 하지 않는다고 보고했다.

수잔의 부모는 수잔이 신부님과 이야기를 나눌 수 있도록 정기적으로 교회에 데리고 갔으며 신부님과 가까이 지냈다. 그 결과 한동안

나아지는 것처럼 보였으나 몇 주가 지나자 다시 부정적인 증후들을 보였다.

가장 최근에 수잔은 다른 두 소녀와 함께 벽에 낙서를 하고 여자 화장실 변기에 종이를 채워 넣다가 적발되었다. 이 행동은 심각한 피해를 불러오지는 않았지만 약간의 문제를 발생시켰다. 적발된 후에 수잔은 교장선생님에게 불려갔었다. 수잔은 심하게 울었고 사건에 대하여 후회하고 창피스러워 하는 것 같았다. 수잔은 외출금지와 같은 가벼운 벌을 받겠지만 맞지는 않을 것이라고 말하였다(학교에서는 분명히 가정에서의 방임이나 학대는 없다고 확신하였다).

아동과의 치료를 시작하기 전에 현실요법 치료자는 다음의 목표를 가지고 부모와 면담하는 것(Parent conference)이 가장 효과적이다. 상담자는 부모와의 면담을 통해 몇가지 중요한 정보와 사전준비를 할 수 있다.

부모님과 면담을 하면서 상담자는 어떤 내용들을 탐색하면 좋을까?

우선, 문제에 대한 지각을 탐색한다. 지각을 탐색하기에 좋은 질문들로는 부모들이 문제가 있다고 보고 있는가?, 부모들이 문제를 부인하는가?, 부모들이 죄의식을 갖고 자신들의 탓이라고 생각하는가? 등이 있다.

둘째, 의사소통 방법은 어떠한가? 학대나 약물 의존이 의심되는가? 등 아동에게 영향을 미칠 수 있는 가정의 문제에 대해 알아본다.

셋째, 심리치료와 현실요법과 관련된 전문적인 문제들에 대하여 설명한다. 이때 비밀 보장의 한계와 동의를 얻을 수 있다.

넷째, 치료에 도움이 되거나 방해가 될 수 있는 부모들과 신뢰를 쌓는다.

다섯째, 상담자와 아이의 상담을 통하여 부모들은 어떤 결과를 얻고자 하는지를 규명하는 것을 돕는다. 부모가 빠른 결과를 기대하는지, 현실적인 목표로써 무엇을 원하는지를 알 수 있다.

여섯째, 가정의 분위기를 바꾸는 것에 대한 그들의 의지와 수용의 정도를 알아본다. 어떻게든 그들 자신의 행동을 바꾸려고 하는가? 등을 알 수 있다.

일곱째, 현실요법 과정에 대해 설명하고 일반적인 계획을 알려준다. 상담자는 수잔이 그녀의 바램과 목적을 규명하는 것을 도울 뿐 아니라 그녀의 선택을 점검하고 다섯 가지 욕구를 충족하는 더 좋은 방법을 개발하고 그것들을 평가하는 것을 도울 것이라는 점을 밝힌다. 모든 선택은 수잔 자신의 통제하에 있다는 것을 간접적으로 일깨워 주며, 학교에서의 성공이나 가정에서의 평화는 장기적으로도 즐거움과 행복을 가져다 준다는 것에 목표를 둔다.

여덟째, 친절하고, 냉정하고, 일관되며, 즐겁고 민주적이지만 단호한 분위기를 만들어내고 그런 방향으로 문제를 해결하는데 부모가 무엇을 할 수 있을지에 대한 구체적인 방법을 가르친다.

아홉째, 그들이 느끼는 고통에 대한 공감과, 상담을 통해 나아질 수 있다는 확신을 준다. 외부인에게 도움을 청한다는 것이 실패를 하고 있다는 증거가 아니라는 점을 강조한다. 오히려 발전하는 방향으로 가고 있으니 축하할 일이라는 점 또한 알려준다.

이상과 같은 아홉 가지 면담 내용을 통해 수잔의 부모는 결혼 생활에 어떤 부작용이 있음이 분명했다. 수잔의 엄마는 남편의 음주를 걱정하여 1년 동안 알콜중독자 가족의 모임(Alonon)에 참석하였다. 그녀는 자신이 남편의 직장상사에게 남편 대신 변명을 하고 남편이 꼭 필요한 상황을 되도록 피했으며 모든 집안 일과 책임을 감수함으로써 자신이 할 수 있는 일은 다하였다고 말하였다. 가족은 자기가 전적으로 책임졌다고 했다.

그러나 그녀는 남편을 걱정하고, 남편에 대한 사랑을 표현하였으며 결혼생활을 지속하고 싶다고 말했다. 그녀의 의견에 따르면 남편의 자신감은 높지 않아서 그의 사기를 북돋우려고 노력한다. 여전히 그녀는 남편의 음주를 원망하였으며 알콜중독자 가족의 모임에서 이 감정을 다루었다고 했다. 그녀는 남편이 술을 끊지 않으면 아이들에게 영원히 상처가 남을 것이라고 두려워했다. 비록 첫째 딸은 아무 문제가 없지만 막내 아이는 종종 밤에 오줌을 싸는 등의 문제를 보이기 시작한다.

반면에 아버지는 알콜중독자들의 모임(AA)에 한동안 참석하였지만 "일이 너무 바쁘고, 밤에 나가는 것을 좋아하지 않으며 주말에만 술을 마시기 때문에 이제는 참석하고 싶지 않다"고 하였다. 그는 뭔가 잘못되어 가고 있다는 것을 어렴풋하게 인식하고 있었다. 또한 그는 "사랑하는 부인과 계속 이대로 나가다가는 큰 문제에 부딪힐 것이다. 그리고 나는 때때로 나의 음주가 문제임을 안다"고 두려움을 표현하였다.

그들 부부는 수잔의 행동에 문제가 있으며 수잔에게 상담이 필요하다는 것에 동의하였다. 그들은 수잔에게 여러 가지 외출금지의 벌을 주었으며 행동을 바르게 하거나 시험성적이 좋을 때는 돈과 특권을 부여하는 부상을 주려고 노력하였다고 말했다. 이 체계가 효과적이냐고 물었을 때, 그들은 만족스럽지 못하다는데 동의하였다.

수잔의 행동개선이 상담 목표로 선정된다. 변화를 가져오려면 부모의 행동이 바뀔 필요가 있으며 아동의 문제는 그들과 별개의 것이 아니라고 설명하였다. 수잔의 행동에 의미 있는 변화가 있으려면 부모들이 다음과 같은 일을 할 필요가 있다.

첫째, 수잔과 질적인 시간(Quality Time)을 보낸다. 질적인 시간에는 몇가지 특징이 있다. 우선 함께 보내는 시간은 부모와 수잔 모두에게 즐거워야만 한다는 것이다. 또 시간은 15분 단위로 제한하며 활동은 가능하다면 매일하면 좋지만 그렇지 않을 때라도 반드시 반복적으로 행하여져야 한다. 나아가 질적인 시간을 보내는 동안은 비평, 불평 또는 과거나 현재의 갈등은 토론하지 말아야 한다. 또 대화는 긍정적이고, 가볍고, 즐거워야 한다.

둘째, 집안의 분위기가 변화되어야만 한다. 수잔의 행동을 개선하려면 수잔이 살고 있는 어떤 환경도 그녀의 행동을 변명할 만한 이유가 되어서는 안된다. 따라서 다툼이나 비판, 불평은 되도록 타협과 토론, 문제 해결을 위한 대화로 대체되어야만 한다. "정말 엉망이야"라는 말보다는 "우리는 해낼 꺼야"라는 분위기가 수잔이 효율적인 선택을 하는데 도움이 될 것이다. 수잔은 자신의 장점을 인정받을 필요가 있으며 이것은 마땅히 부모가 해주어야 한다. 수잔이 언니와 비교된다고 생각할 만한 어떤 빌미도 제공해서는 안된다.

셋째, 새로운 의사소통 방법은 변화된 가정 분위기의 초석이 될 것이다. WDEP체계는 수잔과의 상호작용을 위한 기초가 되어야 한다.

이러한 방법으로 부모와 치료자는 수잔이 다른 선택을 하는 것을 돕고 그녀의 특정한 행동과 행동 방향을 달리 하는 것을 도울 것이다.

요약하면, 현실 치료는 자극, 즉 반응 사고가 아니다. 요컨대, 좋은 환경이 아이를 더 책임감있게 해준다는 말은 환경이 변화를 야기하는 조건이라는 뜻은 아니라는 말이다. 집안의 분위기가 아무리 부정적인 요소가 많다 하더라도 수잔에게는 선택의 기회가 없는 것이 아니다. 따라서 부모와 상담할 때 부모들이 문제를 야기시키는 요인은 아니라는 것을 이야기해 주는 것이 중요하다. 대신 그들은 수잔이 자신의 행동을 바꿈에 있어 그것을 쉽게 바꿀 수 있는지, 어렵게 바꿀 것인지에 영향을 미칠 집안 분위기를 만드는 것만은 사실이다.

현실요법으로 상담을 하든 다른 이론에 근거하여 상담을 하든, 치료자는 내담자와의 대화를 통해 내담자의 흥미와 취미, 그리고 내담자가 공유하고자 하는 개인적인 경험을 알아내려고 한다. 이렇게 알아낸 전문적이고 개인적인 인적사항은 상담 관계의 초기 단계에 필수적이며 실제로 많은 도움을 준다.

아래의 수잔의 상담내용은 현실요법의 실제를 잘 보여준다. 여기에서는 본격적인 상담으로 들어가기 전에 필수적인 라포형성 즉, 수잔이 상담자를 신뢰하고 마음을 열 수 있는 친밀감을 형성하기 위한 상담내용들은 포함시키지 않았다. 생략된 것들은 상담시 흔하게 볼 수 있는 주변 문제에 대한 일상적인 대화 내용들이다.

상담자는 시작에서부터 상담 전체를 친근한 분위기로 만들려고 노력한다. 이는 내담자의 말이나 느낌에 대한 공감, 적극적인 경청, 내담자의 내재된 욕구와의 결합, 각자의 책임을 정의하는 것에서부터 이루어진다.

지금부터 수잔의 상담내용을 살펴보자. 상담내용은 몇개 부분으로 나누어져 실려 있으며 각 부분에 따른 도움말은 상담을 깊이 이해하고 활용하는 도움이 될 것이다.

첫번째 이야기

상담자 : 수잔, 너를 만나게 되어 기쁘다. 여기에 오는 것에 대해 어떻게 생각했니?

수 잔 : 그저 그래요.

상담자 : 여기 오는 것에 대해 부모님께서 너에게 뭐라고 말씀해 주셨니?

수 잔 : 그냥 상담이라고 하시던데요.

상담자 : 맞아. 상담이 뭔지 알고 있니?

수 잔 : 학교에 상담 선생님이 계셔요. 상담 선생님은 학교와 그 밖의 일이나 고민들에 관해서 주로 이야기하세요.

상담자 : 그게 바로 내가 여기서 하는 일이란다. 나는 너에게 집과 학교에서 어떤 일들이 일어나고 있는지에 관해서 물어볼 거야. 그리고 우리는 지금보다 문제를 좀더 잘 해결할 수 있고 기분도 더 좋아지기 위해서 네가 어떻게 할 수 있는지에 관해서 알아보려고 노력할거야.

수 잔 : 좋아요.

상담자 : 나는 네가 놓인 상황들을 어떻게 보는지 궁금하다. 또 넌

부모님들은 그 상황을 어떻게 본다고 생각하는지, 집에서 와 학교에서 어떻게 지내는지를 물어보려고 하는데.
수　잔 : 너무 많아요
상담자 : 우리에게는 시간이 많아. 어디서부터 시작하면 좋을까?
수　잔 : 모르겠어요
상담자 : 음, 최근에 너의 부모님이 너에게 무슨 말씀을 하셨는지 를 내게 말하는 것은 어떨까? 그러니까 지난 달 정도부 터. 괜찮겠니?
수　잔 : 물론이죠 부모님들은 내가 언니처럼 더 잘해야 한다고 말 씀하세요
상담자 : 부모님들이 그렇게 말씀하실 때 네 기분은 어떠니?
수　잔 : 모르겠어요
상담자 : 기분이 좋니? 아니면 나쁘니?
수　잔 : 나빠요
상담자 : 기분이 나쁘다는 말은 네가 그말에 상처를 받았다거나 두 려웠거나 화가 난다는 그런 의미니?
수　잔 : 상처받았다고 느껴요
상담자 : 상처를 받았단 말이지. 그렇다면 화나는 정도가 얼마인지

궁금하구나. 조금 화나는 정도니, 아니면 참을 수 없을 정도니?

수　잔 : 예, 약간은요.

상담자 : 약간이라는 것이 얼마를 뜻하지?

수　잔 : 저는 방으로 가서 울어요.

상담자 : 정말 화가 나고 기분이 나쁜 것처럼 들리는데?

수　잔 : 예, 정말로 많이 화가 나요.

상담자 : 화가 난 채 잠이 들 정도란 말이지! 나중에 이 문제에 관해서 다시 이야기하도록 하자. 그리고 지금은 너의 부모님께서 그 밖에 무슨 말씀을 하셨는지가 궁금한데.

수　잔 : 부모님은 공부를 더 열심히 해서 더 좋은 성적을 받아야 한다고 항상 말씀하세요.

상담자 : 자주 그렇게 말씀하시니?

수　잔 : 공부에 관해서 항상 설교하시는 것 같아요.

상담자 : 항상?

수　잔 : 예.

상담자 : 그 일이 너를 기분 나쁘게 하니?

수　잔 : 부모님이 그러실 때마다 정말로 싫어요.

상담자 : 부모님이 그렇게 말씀하실 때 너는 어떻게 느끼니?
수　잔 : 미치겠어요
상담자 : 얼마나? 소리지르면서 대꾸한적 있니?
수　잔 : 예, 가끔씩은요
상담자 : 좋아. 다음에 그 점도 다시 이야기 해보자. 그밖에 부모님은 네게 뭐라고 말씀하시니?
수　잔 : 제가 게을러지고 있다고 하세요
상담자 : 부모님이 왜 그렇게 말씀하실까?
수　잔 : 전 제 방을 청소하지 않으니까요
상담자 : 부모님은 방을 청소하고 물건을 치우고, 세탁물은 바구니에 넣기를 원하시니?
수　잔 : 예, 엄마 아빠가 선생님께 그런 말을 했어요?
상담자 : 아니, 그냥 내 추측이야. 그런 것은 대부분의 부모님들이 원하시는 일인 것 같아.
수　잔 : 예, 그런가봐요
상담자 : 네 친구들도 부모님이 방을 치우라는 잔소리를 하신다고 말하니?
수　잔 : 예, 친구들도 그래요

상담자 : 대부분의 부모님들이 그러시지. 그것은 부모님들에게는 매우 중요한 것 같다. 그밖에 부모님은 네게 뭐라고 하시니?

수 잔 : 제 성적을 올려야 한다고 말씀하세요.

상담자 : 부모님은 네가 최근에 성적이 나빠졌다고 말씀하시더구나. 너는 네 성적에 대해서 어떻게 생각하니?

수 잔 : 별로 좋은 성적은 아니죠.

상담자 : 그러면 부모님이 그렇게 생각하시는 게 옳다는 거니?

수 잔 : 예, 나는 학교에서 잘 못하고 있는게 사실이에요.

상담자 : 나쁜 성적을 받는다는 것은 기분 좋은 일은 아니지?

수 잔 : 예, 부모님은 저를 항상 귀찮게 하시니까요.

상담자 : 어디 한번 생각해보자. 너는 부모님들이 언니처럼 좋은 성적을 받아야 한다고 하시고 방을 치우는 문제로 성가시게 한다고 생각한단 말인데. 너의 방이 지저분하다는데는 너도 동의한다고 했지?

수 잔 : 예.

상담자 : 이 모든 것이 너를 피곤하게 하고 낙담시키니?

수 잔 : 예, 부모님은 항상 저를 귀찮게 해요.

도움말, 하나

여기까지 치료자는 아동에게 영향을 줄만한 부모님의 최근 행동과 아동의 감정과 생각을 담고 있는 최근의 행동을 탐색하였다. 이때 현실요법 치료자는 내담자가 마치 이런 환경 때문에 어떤 행동을 하게 된 것처럼 연관짓고 고립된 느낌에 관해 얘기하는 함정에 걸려들지 않는 것이 중요하다. 감정과 행동, 생각은 이루어지지 않은 바램과 충족되지 않은 욕구에서부터 시작한다. 치료자는 또한 내담자의 행동 중 현재 가장 두드러진 요소를 이야기 함으로써 자신도 공감한다는 느낌을 준다.

이제부터 치료자는 내담자의 바램을 탐색하고 어떤 도움을 제공해야 할지를 공유한다. 또한 즉각적으로 적절하게 역설적인 질문을 한 뒤 현재의 효율적인 행동에 대한 논의로 계속 진행한다.

두번째 이야기

상담자 : 부모님이 너를 귀찮게 안했으면 좋겠니?
수 잔 : 예, 나 좀 그냥 내버려두라고 좀 말씀해 주실래요?

상담자 : 난 그렇게 할 수 없을 것 같다. 그렇지만 네가 직접 하도록 도와줄 수는 있을 것 같다. 부모님이 널 내버려두면 기분이 좋겠니?

수 잔 : 무척 좋을 거예요.

상담자 : 그 문제도 우리 나중에 또 다시 이야기하자. 부모님이 너에게 말씀하시는 것에 관해 내가 좀전에 물어 봤었지. 너의 말투로 보아 부모님이 방을 치우라고 할 때보다 네 언니와 학교에 대해 말씀하실 때 더 기분이 안 좋은 것처럼 들리는데? 그러니?

수 잔 : 그럴 수도 있어요. 하지만 늘 저에게 소리 지르세요.

상담자 : 너무 기분 나빠서 울다가 잠들고, 소리 지르며 말대꾸하고, 너를 그냥 내버려뒀으면 한단 말처럼 들리는구나.

수 잔 : 예.

상담자 : 그럼 뭐하나 묻고 싶어. 한 번 생각해봐. 응?

수 잔 : 예.

상담자 : 지금 당장 대답하지 않아도 좋아. 하지만 잠시 생각해봐.

수 잔 : 예, 준비됐어요.

상담자 : 네 마음속 깊이 조금도 거짓없이, 매우 힘든 문제의 답을

　　　　　받아들일 수 있겠니?
수　잔 : 뭔데요?
상담자 : 이 상황이 다 잘 해결될 수도 있다는 점을 받아들일 수 있니? 학교에서 좋은 성적을 받을 수도 있고, 부모님이 소리를 지르시지 않을 수도 있고, 언니와 친구가 될 수도 있고 모든 것이 괜찮아질 수도 있다는 것 말이야.
수　잔 : (잠시 멈춤) 무슨 말인지 모르겠어요.
상담자 : 만일 문제가 없고 학교가 재미있다면 어떨까? 집에서의 일들도 잘 된다면 어떨까?
수　잔 : 글쎄요, 잘 모르겠어요. 너무 이상한 질문이에요.
상담자 : 그래 맞아. 하지만 생각해보렴. 다음에 다시 얘기하자꾸나. 우리는 잘 되어가지 않는 일들에 대해 많이 이야기했어. 그리고 그것들을 풀지 않았지. 하지만 우리에게는 시간이 많단다. 다음에 그것들을 이야기하자. 자, 몇 분동안 잘 되어가고 있는 것들에 대해 얘기해 보자. 무엇을 할 때 재미있는지, 네 취미가 뭔지 얘기해 주겠니?
수　잔 : 전 원래 응원단이었어요.
상담자 : 응원단이었다고?

수　잔 : 성적 때문에 그만두게 되었어요.
상담자 : 얼마나 오랫동안 응원단에 있었는데?
수　잔 : 반 년 동안이요. 1월까지 했어요.
상담자 : 여러 가지 운동을 응원했었니?
수　잔 : 예, 저는 미식축구와 농구를 응원했어요.
상담자 : 응원단의 어떤 면이 좋았는지 이야기해 보렴.
수　잔 : 저는 그곳 아이들이 좋았어요. 친구들과 함께 있을 수 있었어요.
상담자 : 다른 좋은 면은?
수　잔 : 몇 가지 멋진 율동들도 있었어요.
상담자 : 그것들을 다 잘 했니?
수　잔 : 예, 모두들 제가 잘했었다고 해요.
상담자 : 넌 뭘 했니?
수　잔 : 휴식시간 동안 우리는 춤을 추고 공중제비를 돌고 응원을 유도했어요.
상담자 : 네가 율동들을 할 때 그것들이 너에게 어떤 역할을 했니?
수　잔 : 무슨 말씀이세요?
상담자 : 내 말은 네가 율동들을 너 자신과 팬들에게 보여줄 때 기

분이 좋았느냐는 뜻이야.
수　잔 : 예, 정말 좋았어요. 정말로 즐거웠어요.
상담자 : 율동을 할 때 왜 기분이 좋았을까?
수　잔 : 자신감이라고 생각해요. 다른 아이들이 멋있다고 말하거든요.
상담자 : 알겠다. 그러니까 네가 무언가를 잘할 때 네 기분이 좋다는 것이지?
수　잔 : 제 생각에는 그래요.
상담자 : 내 생각에는 일정을 배우는데 힘이 들었을 것 같은데.
수　잔 : 연습을 많이 했어요.
상담자 : 힘들었겠구나. 응?
수　잔 : 맞아요. 집에서까지도 연습했어요.
상담자 : 정말 꾸준했구나.
수　잔 : 저는 응원단을 정말 좋아했어요. 그런데 그만두게 된 것이 안타까워요.
상담자 : 나도 그래. 응원단을 하는 것이 네게 좋을 것 같다고 생각한다.
수　잔 : (눈물을 머금고) 저도요.

상담자 : 뭔가에 흥미를 가지게 되었는데 할 수 없다는 것은 쉬운 일은 아니지.

수　잔 : (조용히 고개를 끄덕인다)

상담자 : 네가 응원단이었을 때 이야기를 좀 더 해보자. 힘들었고, 많은 에너지가 필요했고 그래서 그것을 해냈을 때 기분이 좋았었단 말이지?

수　잔 : 맞아요.

상담자 : 수잔, 나는 이것이 매우 흥미롭다고 생각해. 너는 도전이 필요한 일을 할 때 기분이 좋고 자랑스러워 할 만한 것을 만들어 낼 수 있는 것 같구나.

수　잔 : 그런 것 같아요.

상담자 : 많은 노력을 할 필요가 없었더라도 자랑스러웠을까?

수　잔 : 아니요. 너무 쉬웠다면 자랑스러웠을까요?

상담자 : 그래, 만약에 네가 어떻게 하면 훌륭한 결과를 얻고 기분도 좋아질까?

수　잔 : 열심히 노력하면 말인가요?

상담자 : 눈치챈 것 같은데….

수　잔 : 열심히 노력하고 싶지 않아요.

상담자 : 잘 연관시켰어. 내 생각을 앞지르고 있어. 나는 이것이 학교의 일과 관련이 있는지, 그러니까 학교에서의 일과 좋은 기분이 응원과 관계가 있는지 없는지 물으려고 했어.
수　잔 : 저도 그렇게 생각해요.
상담자 : 음, 다음에 그 점에 대해서 다시 이야기 하자꾸나. 네가 즐거워하는 다른 일들을 이야기해 주겠니?
수　잔 : 비디오 게임하는 것을 좋아해요. 남자아이들과 대결하기도 하지요.
상담자 : 남자아이들과 할 때 어떠니?
수　잔 : 제가 이겨요.
상담자 : 그래? 굉장하구나!
수　잔 : 뭘요 쉬운걸요.
상담자 : 모든 여자아이들이 남자아이들을 이기니?
수　잔 : 아뇨, 남자아이들과 게임을 할 수 있는 여자아이들은 거의 없는걸요.
상담자 : 와! 그러면 넌 그들과 게임을 할 정도로 잘하는 몇 안되는 사람 중 하나라는 말이지. 게임을 잘 할 때 어떻게 느끼니?
수　잔 : 기분이 좋아요.

상담자 : 자신감일까?
수　잔 : 예, 그거예요.
상담자 : 어떤 것을 성취했다는 그런 것 말이니?
수　잔 : 이기는 건 재미있어요.
상담자 : 응원과 마찬가지로 기분이 꽤 좋아진다는 말이구나.
수　잔 : 예, 저는 더 자주 그런 기분이 들었으면 좋겠어요.
상담자 : 그럴 것 같구나. 더 오랫동안 그런 느낌을 받는 것이 좋으니?
수　잔 : 굉장히 좋을거예요.
상담자 : 그것을 위해 노력해 볼래? 그것을 목표로 말이야.
수　잔 : 그럼 좋겠죠.
상담자 : 그 점에 대해서 별로 흥분되지 않는 것처럼 들리는데?
수　잔 : 글쎄요, 어떻게 해야 할지 몰라서 그래요.
상담자 : 난 너의 기분이 나아지도록 도울 수 있을 꺼야.
수　잔 : 그렇게 생각하세요?
상담자 : 그래, 그렇게 생각해. 그렇지만 그건 다음에 이야기하자. 네가 좋아하는 다른 것은 없니?
수　잔 : 롤러 스케이트 파티에 가는 것을 좋아해요.

상담자 : 친구들과 함께 가니?
수　잔 : 예, 우린 늘 같이 가요
상담자 : 그래? 클럽에 가입했구나.
수　잔 : 예, 전 다른 아이들을 좋아해요
상담자 : 그리고 너희들 모두 함께 롤러 스케이트를 타러 가는구나.
　　　　그 클럽은 무엇을 위해 노력하는 클럽이지?
수　잔 : 금연을 강조하지요.
상담자 : 너는 담배를 피우지 않니?
수　잔 : 절대로 안피워요
상담자 : 네가 클럽에 좋은 친구를 가지고 있다는 말로 들리는구나.
수　잔 : 예, 저는 롤러 스케이트 타는 것을 좋아해요
상담자 : 네가 롤러 스케이트를 왜 좋아하는지 말해주겠니?
수　잔 : 친구들과 함께 있을 수 있으니까요
상담자 : 그리고?
수　잔 : 빨리 달릴 때 재미있어요
상담자 : 잘 타기 위해서는 스케이트를 연습해야 하지 않았니?
수　잔 : 처음에는 많이 넘어졌어요.
상담자 : 멍들지는 않았어?

수 잔 : 많이 들었어요.
상담자 : 하지만 이제 잘 넘어지지 않고 전에는 할 수 없던 것을 할 수 있지.
수 잔 : 예, 저는 빨리 잡아당길 때가 좋아요.
상담자 : 뭔지 알 것 같다. 다른 사람이 잡아당기면서 빠르게 가는 것이지.
수 잔 : 예, 맞아요.
상담자 : 많이 배워야 했을 텐데, 힘이 들었었겠구나.
수 잔 : 예.
상담자 : 너는 롤러 스케이트 타는 걸 꽤 좋아하는구나. 넘어지지 않고 설 수 있고, 스케이트를 잘 타고, 빨리 갈 수도 있고, 친구들과 함께 있는 것도 좋아하는구나.
수 잔 : 정말 좋아해요.
상담자 : 그리고 그런 모든 걸 성취하는데는 노력이 필요했었지. 열심히 노력했었지.
수 잔 : 예, 열심히 했어요.
상담자 : 네가 노력을 많이 할 때 기분이 더 좋다는 말로 들리는데.
수 잔 : 무슨 뜻이세요?

상담자 : 음, 네가 응원하는데 열심일 때, 롤러 스케이트를 탈 때 기분이 좋았고, 더 많은 친구들을 사귈 수 있겠구나.
수 잔 : 예, 무슨 말인지 알겠어요.
상담자 : 그래, 우리 시간이 다 되었구나. 그런데 난 오늘 우리가 한 이야기 중에 뭐가 가장 중요한 것인지 궁금하구나.
수 잔 : 제가 열심히 할 때 기분이 나아지는 것이요.
상담자 : 그래, 그것인 것 같아.
수 잔 : 학교에서 더 열심히 노력하라고 말씀하실거죠?
상담자 : 내가 그렇게 말하면 새롭게 들리겠니?. 아무에게도 들어보지 못한 것처럼 말이야?
수 잔 : 아니요, 우리 부모님이 항상 그렇게 말씀하셨어요.
상담자 : 그럼 학교 공부에 대해서 내가 말하면 새롭지 않겠구나?
수 잔 : 그러니까 학교에서 열심히 하라고 말할 필요는 없어요.
상담자 : 아니, 사실 나는 아직 너무 빨리 변하지 말라고 말하려 했어. 우리는 이런 것들에 대해서 더 이야기해야 해. 하지만 나는 네가 기분이 좋은 것과 열심히 노력하는 것의 관계에 대해 생각해 봤으면 좋겠구나. 다음에는 이점에 대해서 그리고 오늘 하지 못한 것에 대해서 더 많이 이야기 할거야.

도움말, 둘

첫 번째 단락은 계획을 세우는 것만으로 끝나지는 않았다. 아주 이상적인 계획은 아니었지만 SAMIC³에 입각한 현실적이고 실천 가능한 'A'의 요소는 충분히 갖추었다. 내담자는 기분이 좋아지는 것과 노력하는 것에 대해서 생각만 하는 것으로 끝을 냈다. 자제하라는 역설적인 권유 또한 제시하였다.

☽ 세번째 이야기

상담자 : 수잔, 전 시간에 가끔 엄마 아빠에게 화가 난다고 말했지? 그것에 대해서 물어보고 싶구나. 말해주겠니?

수 잔 : (열성적으로) 예!

상담자 : 뭔가 꼭 할말이 있는 것처럼 들리는데….

수 잔 : 그래요 어떤 일이 있었는지 부모님이 이야기해 주셨나요?

상담자 : 많은 걸 말씀해 주셨지. 하지만 네가 생각하는 그 때를 말씀하신 건지는 확실하지 않구나. 이야기 해 보겠니?

수　잔 : 몇주 전에 집에 와서 부모님이 저를 혼내시고 제 방으로 보내셨어요. 정말 미칠 것 같았어요!

상담자 : 너는 아직도 화가 나 있는 것 같구나. 기분 나쁜 일이었나 보다. 정확하게 무슨 일이 있었는지 말해보렴.

수　잔 : 제 잘못이 아니었어요. 언니가 먼저 시작했어요.

상담자 : 그때로 돌아가서 정확하게 무슨 일이 있었는지 이야기해 주겠니?

수　잔 : 언니와 제가 싸웠어요. 언니가 절 세게 때려서 전 언니를 발로 찼어요. 엄마 아빠가 집에 들어오셔서 저희들이 싸우는 걸 들으셨죠.

상담자 : 언니에게 뭐라고 말했니?

수　잔 : 언니에게 욕을 했어요.

상담자 : 그리고 언니를 때렸니?

수　잔 : 언니가 그럴만한 일을 했어요.

상담자 : 하지만 네가 언니를 때렸지. 언니가 다쳤니?

수　잔 : 언니는 뺨이 붓고 턱이 욱신거린다고 했어요.

상담자 : 지금은 괜찮니?

수　잔 : 예, 하지만 언니는 다치지 않았어요.

상담자 : 언니가 널 때리지는 않았니?
수 잔 : 몇번 때렸어요 하지만 저는 괜찮아요
상담자 : 좀 더 이야기해 보렴? 바닥에서 뒹굴면서 싸웠니? 정말 그랬니?
수 잔 : 물론 그랬어요 그때 엄마 아빠가 들어오셨어요 부모님은 저에게 화를 내셨어요.

상담자 : 그분들이 어떻게 아시고 너에게 화를 내셨니?

수　잔 : 부모님들은 항상 그러세요.

상담자 : 그분들은 언니보다 네게 더 많이 화를 내시니?

수　잔 : 그래요, 부모님들은 제가 먼저 시작했을 것이라고 생각하셨는지 저를 제 방으로 가라고 하셨어요.

상담자 : 그래, 알겠다 수잔. 그리고 네가 언니에게 정말 화가 났다는 것도 알겠어. 하지만 되돌려 생각해보자. 정확하게 부모님이 네게 뭐라고 말씀하셨니?

수　잔 : 그분들은 우리가 왜 싸웠는지, 누가 먼저 시작했는지 알고 싶어하셨어요.

상담자 : 부모님들은 조용히 말씀하셨니?

수　잔 : 아뇨, 아빠는 반쯤 취해 계셨고 엄마는 우리에게 화를 내셨어요.

상담자 : 네게 뭐라고 말씀하셨니?

수　잔 : 기억에 가장 생생한 건 엄마가 소리지르신 거예요. 엄마는 "대체 또 무슨 일이니? 서로 싸우지 말라고 그렇게도 많이 얘기했는데. 너는 내가 없으면 항상 무슨 일이고 저지르고 마는구나!"하고 말했어요.

상담자 : 넌 잘 기억하고 있는 것 같구나. 대답하는데 주저하지도 않고.
수 잔 : 엄마는 언제나 똑같은 말씀만 하시니까요.
상담자 : 이런, 싸움을 많이 하는가 보구나?
수 잔 : (주저하면서) 음… 그런 것 같아요.
상담자 : 그래 엄마가 네게 말씀하실 때 엄마의 목소리는 어떠니?
수 잔 : 소리를 지르셨어요.
상담자 : 엄마가 소리를 지르셨을 때 기분이 나빴니?
수 잔 : 예, 그럼요!
상담자 : 넌 언니에게 이미 화가 나 있었지. 그리고 나서 엄마에게 화를 내기로 한거니?
수 잔 : 전 두배로 화가 났어요.
상담자 : 그래서 언니에게 화가 났을 때 언니와 싸우고, 엄마에게 화가 났을 때 다시 화내는 걸 선택했단 말이지?
수 잔 : 그건 제 잘못이 아니였어요. 전 싸움을 시작하지 않았어요.
상담자 : 네가 싸움을 멈췄다고 할 수 있을까?
수 잔 : 아뇨, 하지만 저는 멈추려고 했어요.
상담자 : 수잔, 언니와 이런 큰 싸움을 얼마나 자주 하니?

수 잔 : 자주는 안해요.
상담자 : 네가 생각하기엔 얼마나 자주 싸우니?
수 잔 : 잘 모르겠어요.
상담자 : 대략 얼마나 될까? 추측해보렴.
수 잔 : 음… 제 생각으로는 한 달에 한 번 정도요.
상담자 : 정말!! 자주 싸우는 구나! 그러니까 30일에 한번씩 적어도 언니와 밀고 당기는 싸움을 한단 말이지? 일 년이면 열두 번! 한번 싸우면 몇일 동안이나 화가 나 있니?
수 잔 : 대략 하루정도요.
상담자 : 그러니까 너는 오랫동안 토라져 있지는 않단 말이구나.
수 잔 : 예, 우리는 꽤 빨리 화해를 해요.
상담자 : 이번에도 화해했니?
수 잔 : 서로에게 사과했어요
상담자 : 수잔, 너는 부모님이 언니와 비교하는 것이 싫다고 했어. 또 언니와 자주 싸운다고 했는데, 그럼에도 불구하고 언니와 친한 편이니?
수 잔 : 예, 우리는 대부분 잘 지내요.
상담자 : 그 점에 대해 다시 돌아보자. 하지만 나는 네가 언니와 크

게 한바탕 싸움을 했을 때를 이야기하고 싶어. 언니에게 무슨 이야기를 했고 엄마에게는 뭐라고 했는지 말해보렴. 언니 이야기부터 해보렴.

도움말, 셋
상담자는 내담자의 행동에 중점을 두면서 현재의 상황에 대한 설명을 하도록 도와준다. 이는 통제가 가능한 요소이다. 행동이 변화되면 느낌, 사고와 생리까지도 함께 따라서 변할 수 있다.

네번째 이야기

수 잔 : 언니가 제 스케이트를 가져가서 감췄어요
상담자 : 그래서 언니에게 뭐라고 했니?
수 잔 : "내 스케이트를 어떻게 했어?"라고 말했어요
상담자 : 그때 네 목소리가 어땠니? 네가 그렇게 말했을 때 언니에게 어떻게 들렸을까?
수 잔 : 모르겠어요

상담자 : 어떻게 들렸을지 추측해 볼 수 있겠니? 흥분하고 화가 났었니?

수 잔 : 네, 그랬어요

상담자 : 그럼, 네 목소리가 어땠을까? 목소리가 컸니? 아니면 부드러웠니, 침착했었니, 화가 났었니?

수 잔 : 언니에게 소리를 질렀어요

상담자 : 오, 넌 정말 화가 많이 났었나 보구나? 너무 화가 나서 소리를 질렀단 말이지? 너는 꼭 하찮은 사람처럼 느껴졌겠구나?

수 잔 : 예, 언니는 항상 저를 짓밟아요

상담자 : 그래서 언니에게 소리를 질렀구나. 그러고 나서 언니는 뭐라고 말했니?

수 잔 : 언니는 웃으면서 "내가 어떻게 알아?"라고 했어요. 전 언니에게 욕을 했어요

상담자 : 그래서 너는 더 화가 났겠구나. 넌 언니가 스케이트를 어디에 뒀는지 정말 알고 있다고 생각했니?

수 잔 : 언니는 알고 있었어요. 언니가 스케이트를 가져가서 숨겼거든요

상담자 : 그 다음에 무슨 일이 벌어졌지?
수　잔 : 내 스케이트를 달라고 했어요. 그리고 언니는 "네가 찾아 봐."라며 욕을 했고 그 다음에 진짜 싸움이 시작됐어요.
상담자 : 뭐가 시작됐는데?
수　잔 : 우리는 싸우기 시작했어요.
상담자 : 육체적으로?
수　잔 : 예, 전 언니 정강이를 걷어 찼고 언니는 제 뺨을 때렸어요.
상담자 : 야! 마치 TV에서 볼 수 있는 씨름 같았나 보구나.
수　잔 : 예, 정말 그랬어요. 하지만 부모님이 말리셨어요.
상담자 : 수잔, 네게 아주 중요한 질문을 하나 할께. 지금까지 질문한 것 중에 가장 중요한 질문이야. 그러니까 언니와 문제가 생겼을 때 좀더 잘 해결할 수 있는 방법을 절실하게 원하니?

도움말, 넷

질문은 '바램'과 '평가'를 연합한 것이다. 내담자가 원하는 것이 무엇인지, 내담자의 판단에 더 나은 선택이 있는지 질문한다. 이러한 내적 평가가 중요하다는 점을 강조한다.

다섯번째 이야기

수　잔 : 음, 그런 것 같아요. 저는 계속 문제를 일으키고 있어요.
상담자 : 너는 챔피언 쟁탈전 같은 한판의 승부를 하지 않고도 언니와 친밀한 관계를 형성할 수 있길 바라니?
수　잔 : 그럼 좋겠어요
상담자 : 그럼 또 다른 중요한 질문을 할께. 수잔, 언니와 더 잘 지내기 위해 넌 얼마나 노력할 수 있니?
수　잔 : 할 수 있을 거에요
상담자 : 네 말은 열심히 노력해 보겠다는 뜻이니, 아니면 조금 애써보겠다는 뜻이니?
수　잔 : 열심히 할 꺼에요
상담자 : 네 말에 대해 좀더 자세한 이해가 필요할 것 같다. 네가 열심히 한다는 말은 "전 열심히 할꺼에요"라고 말한 것 이상이니? 아니면 "글쎄요"라고 말한 것 이상이니?
수　잔 : 예, 저는 하고 싶어요 하지만 그게 모두 제 잘못은 아니에요 언니는 뭘해야 하죠?
상담자 : 그게 전부 다 네 잘못이라고 하지는 않아. 그리고 언니가

여기에 없으니까 언니가 무엇을 해야 할지에 대해 말할 수는 없구나.
수 잔 : 하지만 언니가 먼저 시작할 때도 있어요.
상담자 : 나도 이해한단다. 난 언니가 뭘하던지 간에 네가 노력하고 싶다면 널 도울 수 있다고 믿어.
수 잔 : 예, 노력할께요.
상담자 : 네가 노력할 것이라는 걸 알고 있단다. 하지만 네가 노력하는 것 이상의 의지를 가지고 있는지 궁금하구나. 정말 노력할거니?
수 잔 : 그럼 선생님은 내 잘못이라고 생각하지는 않는다는 말이예요?
상담자 : 절대 아니야. 네 잘못일거란 말을 했니?
수 잔 : 그건 아니에요.
상담자 : 다시 말할게. 네 잘못이 아니야. 하지만 언니나 부모님 잘못도 아니야. 나는 "해결방법을 찾아보자"라고 말하고 있는 거란다.
수 잔 : 그리고 제 몫을 다 해야 한단 말이죠?
상담자 : 와! 나보다 더 잘 말했구나. 네 몫을 다한다는 것, 마음에

드는데. 그건 롤러 스케이트장에서의 끌어당기기 같은 것이지. 다른 사람을 끌어당기기 위해서 네 몫을 다 해야지.

도움말, 다섯

내담자는 드디어 통제할 수 있는 부분이 자신에게 있음을 알기 시작했고, 그것이 미래의 해결책을 제시하는 것임을 깨달았다. 내담자에게 과거 행동의 잘못에 대하여 비판이나 강요하는 것은 불필요하다.

다음으로 치료자는 수잔이 새로운 행동 방법을 찾아내도록 돕기 위하여 비유를 사용하였고 그 다음으로 수잔에게 자신의 행동을 평가할 수 있도록 몇가지 중요한 질문을 하였다.

여섯번째 이야기

수 잔 : 예, 다같이 잡아 당겨야 해요.
상담자 : 하지만 강제로 다른 사람이 너의 몫을 하도록 할 수 있니?
수 잔 : 아뇨.

상담자 : 네가 할 수 있는 일은 누구의 몫일까?

수　잔 : 제 자신이요!

상담자 : 언니와의 문제와 연관지을 수 있겠니?

수　잔 : 예, 그런 것 같아요. 전 제 일을 하고 언니가 하는 것에 대해 걱정할 필요가 없어요.

상담자 : 바로 그거야.

수　잔 : 그건 쉽지 않아요. 언니가 시비를 거니까요.

상담자 : 노력도 없고 넘어지지도 않고 연습도 없이 스케이트를 배울 수 있니?

수　잔 : 아뇨, 저는 처음에는 많이 넘어졌어요.

상담자 : 너는 아마 여기에서도 넘어질거야. 때론 실수를 할 수도 있단다. 하지만 괜찮아. 뭐 어떠니, 그런 노력은 네가 원하는 것을 갖게 해줄건데.

수　잔 : 무슨 말인지 알겠어요.

상담자 : 또 다른 것이 있어. 이건 롤러스케이트에서의 잡아끌기보다 훨씬 안전하단다. 네가 더 많이 노력하고 더 빨리 간다고 해서 벽에 더 많이 부딪히거나 더 자주 넘어지는 것은 아니지?

수　잔 : 예!
상담자 : 노력하면 더 잘할 수 있어.
수　잔 : 맞아요
상담자 : 수잔, 다른 것을 물어보고 싶구나. 우선 명심할 것은 내가 얘기하려는 말이 네가 잘못했다고 하려는 건 아니라는 것이다. 수잔, 네가 언니와 싸우면서 고함을 지르는 행위가 그 상황을 안정시키는데 도움이 되니? 아니면 더 나쁘게 만드니?
수　잔 : 음, 우리 둘 다 화나게 만드는 것 같아요
상담자 : 알겠다. 그러면 화내고 소리 지르는 것이 언니와 너를 더 가깝게 하니? 아니면 치열한 쟁탈전을 벌이는 것에 가깝니?
수　잔 : 링으로 몰아가는 것 같아요
상담자 : 그게 도움이 되니? 아니면 해가 되니?
수　잔 : 도움은 안돼요
상담자 : 해가 될까?
수　잔 : 예, 그런 것 같아요
상담자 : 싸움에 대해서 한 가지만 더 물어볼게. 한참 흥분했을 때

매사가 통제가능했니?

수 잔 : 아뇨, 그 반대예요.

상담자 : 통제가 불가능했니?

수 잔 : 예.

상담자 : 그런 기분을 자주 느끼니?

수 잔 : 무슨 말씀이세요?

상담자 : 음, 내가 보기에 너는 부모님이나 선생님이 널 못살게 한
다고 생각해. 그래서 모두들 널 그냥 내버려 뒀으면 하고
생각하는 것 같아. 나는 네가 스케이트장에서 스케이트를
탈 때 말고는 모든 것에 자신감을 잃었는지 궁금하구나.

수 잔 : 맞아요, 전 노예같아요.

상담자 : 넌 노예의 사슬을 끊어버리고 싶니?

수 잔 : 예, 끊고 싶어요.

상담자 : 언니와 싸우는 것과 노예가 된 것 같은 기분은 연관이 있
을까?

수 잔 : 그게 바로 제 느낌이에요.

상담자 : 그래. 내 생각에는 적어도 네가 노예라는 생각으로부터
자유로울 수 있는 기회가 있을 것 같아. 마치 네가 롤러

스케이트 장에 있을 때처럼 말야.
수 잔 : 그것도 괜찮을 것 같네요.
상담자 : 그래 좋아. 너는 언니와 더 친해지고 싶고 네 삶에 책임을 지고, 노예의 사슬을 끊고, 자신감을 느끼고 싶단 말이지? 내말이 맞니?
수 잔 : 예.
상담자 : 요즈음 어떤 것들이 그런 기분과 멀어지게 했을까?
수 잔 : 음, 제가 언니에게 욕을 했을 때요.
상담자 : 선수권 쟁탈전 때에는?
수 잔 : (웃으며) 다시 그 말씀을 하실 줄 알았어요.
상담자 : 그게 노예의 사슬을 끊는데 도움이 되니, 아니면 방해가 되니?
수 잔 : 더 깊은 문제에 빠지게 해요.
상담자 : 사슬의 무게는?
수 잔 : 더 무거워져요.
상담자 : 그래 그렇지. 마치기 전에 한 가지만 더 얘기해보자.
수 잔 : 좋아요 무슨 이야기죠?
상담자 : 네가 언니와 더 가까워지고 싶다고 해서 하는 말인데, 이

번주 안에 언니와 더 가까워지기 위해서 작은, 아주 조그맣고 간단한 것을 할 수 있을까? 네가 할 수 있을 만한 작은 일이 있을까? 사슬을 느슨하게 해서-아직은 벗어버리는 것이 아니라- 네가 팔을 좀더 자유롭게 움직일 수 있는 방법이 있을까?

수 잔 : 아마 뭔가 할 수 있을 거예요

상담자 : 자, 무리하지는 말고 아주 작은 것부터 해보자. 네가 지금까지 해왔던 것과는 다른 어떤 것을 할 수 있겠니?

수 잔 : 모르겠어요

상담자 : 언니에게 뭘 해주면 언니가 기뻐할 거라고 생각하니?

수 잔 : 언니의 설거지 차례에 함께 설거지를 할 수 있어요

상담자 : 넌 망설이지도 않고 금방 말하는구나. 그게 도움이 된다고 생각하니?

수 잔 : 예, 언니가 좋아할 거예요

상담자 : 언니에게 언제 물어 보겠니?

수 잔 : 오늘 밤에요

상담자 : 뭐라고 말할거니?

수 잔 : 그냥 언니에게 물어 보겠어요

상담자 : 언니에게 어떻게 말할지 나에게 먼저 해보겠니?
수　잔 : 전 "언니, 오늘 밤 설거지하는 걸 도와주고 싶어"라고 할 거예요
상담자 : 언니가 뭐라고 할까?
수　잔 : 언니는 좋아할 거예요
상담자 : 언니와 설거지 할 때 무슨 얘기를 할거니?
수　잔 : 모르겠어요
상담자 : 내가 제안을 하나 해도 될까?
수　잔 : 물론 좋아요
상담자 : 즐거운 일들을 얘기 해보렴. 고통스러운 일을 얘기하지 말고
수　잔 : 좋아요
상담자 : 어떤 얘기들이 있을까?
수　잔 : 학교에서 있었던 일이나 언니의 남자 친구에 대해서 얘기 할 수 있을 거예요
상담자 : 얕잡아 보는 말들은?
수　잔 : 안할게요
상담자 : 좋아. 다음 시간에는 언니와 설거지할 때 어땠는지와 또

　　　　다른 몇가지에 대해 얘기하자. 괜찮겠니?

수　잔 : 좋아요

상담자 : 아! 한 가지가 더 있어. 오늘부터 다음에 만날 때까지 너에게 어떤 일이 있었는지 적어 볼 수 있겠니? 일기장의 한 장 정도에 적어 볼래? 그리고 다음 시간에 같이 읽어보자.

수　잔 : 좋아요

상담자 : 다음주에 보자. 수잔!

도움말, 여섯

　다섯번째 이야기에서 내담자는 자신의 행동에 대한 내적 평가를 시작하였다. 비위협적이고 친근한 관계가 형성되었으므로 치료자는 내담자에게 더욱 직접적일 수 있다. 내담자는 상담자와의 관계를 통해 욕구 충족을 위한 자신의 선택을 점검하고 선택 사항들 중에서 고르기 시작하도록 유도되었다.

　일곱번째 이야기에서 치료자는 지난 계획을 확인하고 더욱 구체적이고 산술적인 방법으로 수잔의 감정에 더욱 효율적인 선택을 연관시킬 것이다. 수잔은 자신이 내적 통제감을 어떻게 보는지를 탐색하고 아버지의 음주에 관해 이야기할 것이다. 이와 함께 수잔과 치료자는 수잔이 자신의 행위와 감정에 더 잘 책임을 지는 것을 돕기 위하여 긍정적인 계획을 세울 것이다.

♪ 일곱번째 이야기

상담자 : 수잔, 지난 일주일 동안 어떻게 지냈니?
수 잔 : 글쎄요 괜찮았어요
상담자 : 좋은 일보다 나쁜 일이 많았다는 거니, 아니면 나쁜일 보다는 좋은 일이 많았다는 의미니?
수 잔 : 음, 조금 좋아졌어요
상담자 : 얼마나 더 좋아졌다는 말이니?
수 잔 : 잘 모르겠어요
상담자 : 퍼센트로 한번 옮겨서 말해볼까? 100퍼센트 좋아졌니? 아니면 50퍼센트 좋아졌니? 그것도 아니면 25퍼센트? 10퍼센트? 아니면 0퍼센트 좋아졌니?
수 잔 : 10퍼센트 정도요
상담자 : 그랬어? (놀라움을 표현하면서) 그렇게 많이 좋아졌단 말

이니?

수　잔 : 그게 많은 거예요?

상담자 : 음, 비디오 게임에서 다른 남자 아이보다 네가 점수가 10점이 더 많다면 누가 이길까?

수　잔 : 무슨 말씀인지 알겠어요.

상담자 : 나는 그런 꾸준한 발전이 슈퍼스타를 만든다고 생각해.

수　잔 : 그럴지도 모르죠. 대단한 일 같지는 않은데요.

상담자 : 만일 야구선수가 타율이 3할이라면 잘한거야. 그렇지?

수　잔 : 예.

상담자 : 만일 그 선수가 타율이 10%더 높아졌다면 타율이 얼마나 될까?

수　잔 : 3할 3푼이요.

상담자 : 그럼 그 선수는 어떤 선수일까?

수　잔 : 정말 잘 하는 선수죠.

상담자 : 그러면 만일 그 선수의 평균 타율이 50퍼센트 올라갔다면 어떤 일이 일어날까?

수　잔 : 대표선수가 될거예요.

상담자 : 네가 대표선수가 되려면 무얼 해야 할까? 기분이 50퍼센

트 좋아지기 위해서 넌 무얼 해야 할까?
수 잔 : 열심히 노력해야 할 거예요
상담자 : 너는 이번 주에 잘 시작한 것 같구나. 자, 수잔 넌 일주일
 동안 무얼 했니?
수 잔 : 언니에게 설거지하는 걸 도와주어도 되느냐고 물어보았어
 요 우리는 이틀동안 함께 설거지를 했어요

상담자 : 어떻게 된 일인데?

수 잔 : 언니는 제가 "설거지 하는 것을 도와줄까?" 하고 물어본 것을 좋아했어요.

상담자 : 언니가 "좋아"라고 했겠구나. 그럼 함께 설거지 할 때 언니와 무슨 얘기를 했었니?

수 잔 : 그날 학교에서 좋았던 것에 대해 얘기했어요.

상담자 : 재미있는 대화였니?

수 잔 : 재미있었어요. 우리는 많이 웃었어요. 그리고 또 우리는 엄마와 아빠에 대해서, 특히 아빠에 대해서 얘기 했어요.

상담자 : 그래? 너는 무슨 말을 했었니?

수 잔 : 언니는 아빠가 가끔씩 술을 너무 많이 마신다고 걱정해요.

상담자 : 너희 둘 다 그게 걱정이 되니?

수 잔 : 예, 우리는 학교와 클럽에서 그것에 대해 공부했어요.

상담자 : 너는 정말 아버지의 음주를 강제로 끊거나 변하게 할 수 있겠니?

수 잔 : 아뇨, 못할 것 같아요.

상담자 : 하지만 그게 널 괴롭히잖니?

수 잔 : 네.

상담자 : 수잔, 네가 가지고 있는 많은 장점 중에 하나는 네가 그것에 대해서 나나 언니에게 말하려 한다는 점이야. 그건 쉬운 일이 아니란다. 난 네가 말하려고 한 그 의지가 우리 모두의 관계에 도움이 될거라고 생각한다.
수 잔 : 학교에 있는 다른 아이들 집에서는 우리보다 더 나쁜 일이 있기도 해요
상담자 : 그럴 것 같구나.
수 잔 : 아버지는 노력하시는 편이지만 그래도 주말에는 특히 과음을 하세요
상담자 : 그렇다면 아버지께 그것에 대해 말씀드린 적 있니?
수 잔 : 저는 아버지께 아무말도 하지 않아요
상담자 : 하지만 언니에게는 말했잖니. 아버지의 음주에 대해서 언니와 이야기한 게 그때가 처음이었니?
수 잔 : 그렇게 많이 이야기 한 것은 처음이었어요
상담자 : 네가 할 수 있는 일이 있을까?
수 잔 : 없어요
상담자 : 하지만 아버지가 술을 끊지 않는다 하더라도 네 기분이 좋아지기 위해서 할 수 있는 일은 무엇이지?

수 잔 : 엄마는 엄마가 나가시는 모임에 우리가 함께 가기를 원하세요.

상담자 : 알콜 중독자의 청소년 자녀 모임(Alateen)이라는 모임이 있지.

수 잔 : 알아요, 그 모임은 엄마의 모임과 같은 시간에 모여요.

상담자 : 엄마는 1년 동안 모임에 나가고 계신다고 말씀하시던데 모임에 나간 후로 엄마에게 어떤 변화라도 있니?

수 잔 : 엄마는 더 편안해지신 것 같아요.

상담자 : 정말 변화가 눈에 보였나 보구나. 내 말은 너도 변화하는 것을 볼 수 있다는 의미야.

수 잔 : 예, 엄마는 좋아졌어요.

상담자 : 엄마 마음이 편안해졌다고 생각하니?

수 잔 : 그런 것 같아요.

상담자 : 수잔, 너는 아빠에게 화가 난다고 한번 이야기했었는데, 그게 아버지의 음주와 관계가 있니?

수 잔 : 예, 그래요 늘 그런 건 아니지만 가끔씩 취하시니까요.

상담자 : 그래 알겠다. 아버지에게 화가 난단 말이지?

수 잔 : 예.

상담자 : 이따금씩 속상하게 하니?

수　잔 : 무슨 말씀이시죠?

상담자 : 아빠의 음주에 대해 많이 생각하냐는 뜻이야. 네 마음속에 있는 녹음기가 계속 화나는 생각들을 틀어주냐는 말이다.

수　잔 : 예, 언니도 아빠의 음주에 대해 많이 생각한다고 했어요

상담자 :그래, 이제 너의 엄마는 모임에 나가시고 기분도 나아지셨어. 난 네가 알콜 중독자의 청소년 자녀 모임에 나가게 된다면 너에게도 엄마와 똑같은 일이 일어나게 될지 궁금하구나.

수　잔 : 네, 저도 궁금해요

상담자 : 그 모임에서 사람들이 무엇을 하는지 가서 보는 것이 너에게 도움이 된다고 생각하니, 해가 된다고 생각하니?

수　잔 : 잘 모르겠어요

상담자 : 해가 될까? 모임에 나가 보면 더 나빠질까?

수　잔 : 아뇨, 엄마에게 도움이 되었으니까…

상담자 : 너는 어떻게 생각하니? 너는 어떤 나쁜 감정들을 털어 버리고 싶니, 아니면 그것들을 내버려두거나 더 악화되게 만

듣고 싶니?

수　잔 : 털어 버리고 싶어요.

상담자 : 너는 이미 기분이 나아지기 위한 노력을 했어. 그리고 지난주보다 10퍼센트 더 좋아졌어.

수　잔 : 그래요 전 언니에게 저와 함께 그 모임에 가자고 제안할 수 있어요.

상담자 : 좋은 생각이야. 언니에게 물어보겠니?

수　잔 : 네, 엄마도 좋아하실 거예요.

상담자 : 아빠는 어떠실까?

수　잔 : 모르겠어요. 많이 좋아하시지는 않을 것 같아요.

상담자 : 네가 그 모임에 나가는 것을 아빠가 막으려고 하실 것 같니?

수　잔 : 아니요.

상담자 : 우리가 한 이야기를 아빠한테 하는 것도 좋은 생각이야. 사실 네가 여기에 오는 것도 아버지의 생각이었으니까.

수　잔 : 아빠에게 선생님이 그게 좋은 생각이라고 하셨다고 말해도 될까요?

상담자 : 물론이다. 백 번 맞는 말이니까. 그럼 이번 주의 너의 계

획은 뭐지?
수 잔 : 언니에게 토요일의 모임에 함께 가자고 물어볼래요.
상담자 : 언제 물어볼건대?
수 잔 : 음, 아마 몇일 안에요
상담자 : 더 정확하게 말해주겠니?
수 잔 : 내일이요
상담자 : 오늘밤에 물어보면 어떨까?
수 잔 : 좋아요 오늘밤에요
상담자 : 언제?
수 잔 : 저녁을 먹고 나서요
상담자 : 그게 몇시가 될까?
수 잔 : 대략 6시 반 정도요
상담자 : 대충?
수 잔 : 좋아요 (웃으면서) 정확하게 6시 45분에 할 거예요
상담자 : 언니에게 어디에서 물어볼거니?
수 잔 : 언니에게 설거지를 도와달라고 한 다음에 토요일에 함께 가자고 하겠어요
상담자 : 굉장하구나! 두 가지를 부탁할거니?

수 잔 : 예, 전 할 수 있어요

상담자 : 그래 좋아. 만일 언니가 토요일에 갈 수 없다고 하면 어떻게 하지?

수 잔 : 틀림없이 전 실망할 거예요.

상담자 : 그래, 실망하겠지. 하지만 언니가 "싫어"라고 했을 때는 어떤 계획이 있지?

수 잔 : 혼자서라도 갈 거예요.

상담자 : 엄마에게도 말씀드려야지?

수 잔 : 예, 언니가 만일 좋다고 하면 우리는 엄마에게 함께 말할 거예요

상담자 : 언제?

수 잔 : 오늘밤 설거지를 마친 후예요.

상담자 : 그리고 만일 언니가 싫다고 하면 엄마에게 언제 말하겠니?

수 잔 : 어쨌든 오늘밤에 할 수 있어요.

상담자 : 한 가지만 더! 만일 언니가 싫다고 하면 넌 어떨 것 같니?

수 잔 : 기분이 안 좋겠죠.

상담자 : 그러면 넌 무엇을 하겠니?

수 잔 : 언니를 설득하려고 노력할 거예요
상담자 : 내가 제안을 하나 해도 될까?
수 잔 : 물론 좋아요
상담자 : 언니의 결정을 받아들이고 논쟁하지 않도록 해봐.
수 잔 : 예, 다시 싸우기는 싫어요
상담자 : 만일 언니와 크게 싸우게 되면 어디로 가게 될까?
수 잔 : 아무데도 안가요
상담자 : 너희 둘다 비참할 거야.
수 잔 : 맞아요
상담자 : 그럼 논쟁하는 것이 도움이 될까? 해가 될까?
수 잔 : 물론 해가 되겠죠
상담자 : 네가 몇 개의 계획을 세우는 것 같구나. 너의 상황을 바꾸려고 노력했고 말이야. 다음 시간에 이야기 할 때 무슨 일이 있었는지 말해주렴. 괜찮니?
수 잔 : 예, 전부 말씀드릴께요

도움말, 일곱
여덟번째 이야기에서는 상담자는 수잔이 좌절이나 부정적인 자기

평가를 하거나 모든 것을 포기하고 효율적이지 못한 행동들로 다시 되돌아가고 싶은 충동에 대해서 감당할 수 있도록 도와준다. 가장 중요하고 효율적인 것은 '두 개의 길'에 관한 비유 방법이다. 하나는 해로운 선택을 상징하고, 다른 하나는 이로운 선택을 상징한다. 유능한 현실요법 치료자는 내담자에게 간접적으로 높은 질의 삶을 살기 위해서는 선택에 관한 지속적인 노력이 필요하다는 것을 가르친다.

여덟번째 이야기

상담자 : 수잔 알콜 중독자의 자녀 모임은 잘 되어가고 있니?
수 잔 : 좋아요. 전 매주 참석하고 있고, 학교에서도 그런 모임에 참석하고 있어요.
상담자 : 모임에서 다른 사람들과 솔직하게 지내고 있니?
수 잔 : 예, 전 모임에서 많은 것을 배워요.
상담자 : 어떤 것들을 배웠니?
수 잔 : 저는 변화시킬 수 있는 사람은 오로지 저 자신이라는 것을 배웠어요.

상담자 : 많이 들어본 것 같은데!
수　잔 : 예, 우리가 많이 이야기했던 것이죠
상담자 : 그게 바로 내가 너와 함께 하려고 했던 것의 기본이란다. 그러니까 네가 네 자신을 변화시킨다면 완전하지는 않더라도 기분이 좋아진다는 거야.
수　잔 : 전 기분이 좋아졌어요
상담자 : 좋아 보이는구나. 얼마나 좋아졌는지 퍼센트로 말해주겠니? 우리가 전에 이야기했을 때보다 얼마나 더 좋아졌지?
수　잔 : 대략 50퍼센트 정도요
상담자 : 50퍼센트라니 놀랍구나!
수　잔 : 전 좀 더 나아졌으면 좋겠어요
상담자 : 더 나아 질 수 있다고 생각해. 하지만 쉬운 일을 아닐거야. 더 좋아지기 위해서 넌 많은 노력을 감당할 수 있다고 생각하니?
수　잔 : 노력할 거예요
상담자 : 각오가 되어 있니?
수　잔 : 예, 저는 노력할꺼예요
상담자 : 너는 처음에 학교에서 문제가 있어서 여기에 왔었지. 난

그것에 대해 이야기 하는데 많은 시간을 할애하고 싶지 않지만 잠시 얘기해 보아야만 해.

수 잔 : 부모님이 그 일에 대해 말씀하셨죠? 그렇죠?

상담자 : 그래, 부모님이 네가 벽에다 낙서를 했다고 말씀하시더구 나. 무슨 일이 있었는지 말해주겠니?

수 잔 : 저와 친구 몇명이 여학생용 화장실 변기 안을 휴지로 꽉 채우고 립스틱으로 벽에 낙서를 했어요 그래서 문제가 생긴 거예요.

상담자 : 몇 주 전의 일이구나 지금은 잘 해결되었니?

수 잔 : 우리는 아직도 일 주일에 이틀은 방과후에 남아야 해요 하지만 그 이후론 아무 일도 하지 않았어요.

상담자 : 그 일에서 넌 무얼 배웠니?

수 잔 : 전 우리반의 몇몇 여자 친구들에게 때로는 "싫어"라고 말 할 필요가 있다는 것을 배웠어요.

상담자 : 그래, 문제아란 평은 그 누구도 원하지 않아!

수 잔 : 저도 그건 싫어요.

상담자 : 그걸 잊기 위해서는 시간이 필요하겠구나. 하지만 몇 달 안에 잊혀질거야.

수 잔 : 교장선생님도 그렇게 말씀하셨어요, 전 교장선생님께 용
		서를 빌었어요
상담자 : 난 네가 앞으로는 더 나아질거란 예감이 드는걸.
수 잔 : 예, 그럴 거예요 전 그 아이들이 저를 다시는 곤경에 빠뜨
		리게 하지 않겠어요
상담자 : 좋아 그 문제는 접어두고 다른 이야기를 해보자.
수 잔 : 저도 좋아요
상담자 : 내가 생각하기엔 우리가 함께 얘기해 볼 만한 것중 하나
		는 네가 가끔 언니뿐 아니라 부모님에게도 화를 낸다는
		거란다.
수 잔 : 부모님은 항상 저에게 언니는 완벽한데 저는 그렇지 못하
		다고 고함을 치시고 야단치고 화풀이를 하세요
상담자 : 네 남동생에게는 어떠시니?
수 잔 : 동생 역시 완벽해요 동생은 성적은 좋지 않지만 부모님은
		동생에게 아무 말씀도 안하세요
상담자 : 동생에게 화가 나니?
수 잔 : 가끔씩요 동생은 항상 소란을 피워요
상담자 : 그러니까 너는 늘 기분이 나쁜 상태로 산다는 말이지?

수 잔 : 맞아요

상담자 : 부모님께 화가 나고 언니에게 화가 나고 동생에게 화가 나는구나. 학교에서도 화가 나니?

수 잔 : 예, 그래요

상담자 : 지난 5, 6주 동안 더 나빠졌니 아니면 더 좋아졌니?

수 잔 : 음, 좀 덜 했어요

상담자 : 왜 그랬지?

수 잔 : 절 내버려뒀거든요

상담자 : 정말? 네 통제력이 단지 다른 사람들에 의해 좌우되었다는 뜻이니?

수 잔 : 음, 제 생각에는 저도 변한것 같아요

상담자 : 나도 그렇게 말하고 싶구나, 어떻게 했는데?

수 잔 : 언니에게 좀 더 잘했고 모임에도 나갔어요

상담자 : 그게 응원단과 스케이트와 비교하면 어떤 걸까?

수 잔 : 제가 노력을 하면 기분이 나아지는 거죠

상담자 : 수잔, 네 현재의 상황을 어떻게 보니? 너의 분노, 노력, 행동을 취하려는 너의 의지는 어떠니?

수 잔 : 어려워요, 전 노력을 하는데 때로는 아무것도 달라지지 않

아요. 부모님은 여전히 저에게 소리를 지르세요.
상담자 : 가끔씩은 포기하고 싶은 기분이 드니?
수 잔 : 예, 아무 소용도 없을 거라는 생각이 들기도 해요.
상담자 : 포기하는 것은 너에게 도움이 될까? 아니면 해가 될까?
수 잔 : 그냥 계속 노력하는 것이 힘들 뿐이예요.
상담자 : 수잔, 포기하는 것이 너에게 도움이 될까? 해가 될까? 어떻게 생각하니?
수 잔 : 선생님은 제가 계속 노력하기를 원하시죠?
상담자 : 음, 나는 네가 계속 한 방향으로 나가기를 원해. 하지만 가장 중요한 것은 네가 원하는 것이야.
수 잔 : 전 더 기분이 나아졌으면 좋겠어요. 그리고 전 더 잘하고 있어요. 하지만 다른 사람들도 변했으면 좋겠어요.
상담자 : 그들이 변하면 좋겠지, 하지만 장담할 수 없단다.
수 잔 : 알아요, 하지만 힘들어요.
상담자 : 수잔, 내가 보기에는 넌 지금 갈림길에 서 있는 것 같아. 오랜 여행 끝에 갈림길에 온거야. 하나의 길은 내가 오던 길에서 되돌아가는 것이고 다른 하나는 행복으로 가는 길이지. 하나의 길은 전혀 노력하지 않아도 돼. 그렇지만

그 길에는 분노와 고통이 놓여져 있단다. 다른 하나의 길은 햇살이 비치는 행복의 길이란다. 대신 그 길을 가려면 실망이나 아픔의 걸림돌을 극복하기 위해서 많이 노력해야 해. 다른 길의 끝에는 먹구름 천둥과 번개가 있지.

수 잔 : 선생님은 제가 바로 거기에 있다고 생각하세요?

상담자 : 넌 지금 갈림길에 있어. 교차로로 그걸 설명하면 훨씬 쉽겠구나.

수 잔 : 가끔씩 저는 포기하고 싶어요.

상담자 : 수잔, 포기하면 어떻게 될까?

수 잔 : 글쎄요. 지금까지는 노력에 대한 성과가 있었어요

상담자 : 넌 전반적으로 50퍼센트 좋아졌다고 말했었는데 오늘은 낙심이 되니?

수 잔 : 예, 오늘은 우울해요

상담자 : 너의 노력과 스케이트 타는 것을 비교했을 때를 기억해 보렴.

수 잔 : 선생님은 제가 넘어질 거라고 하셨죠.

상담자 : 오늘 너는 넘어진 것처럼 보이는구나. 바닥에 넘어진 채로 있는 것과 일어나려고 노력하는 것 중에 어떤 것을 선

택하겠니?
수　잔 : 일어설 거예요
상담자 : 난 네가 스케이트 장에서 넘어졌을 때 영원히 쓰러져 있지 않는다는 걸 알고 있어.
수　잔 : 맞아요. 전 일어나서 계속 스케이트를 타요
상담자 : 왜 그렇게 하지? 왜 넘어진 채로 있지 않을까?
수　잔 : 스케이트를 타는 것은 즐겁거든요
상담자 : 뭔지 알겠니?
수　잔 : 예, 비록 잠시 넘어졌지만 다시 일어난다면, 그만큼 노력을 한다면 기분이 좋아질 거예요
상담자 : 부모님에 대해 네가 집에서 어떤 노력을 해야 할까?
수　잔 : 스케이트장에서 했던 그런 종류라고 생각해요
상담자 : 부모님들이 무엇을 하든 상관없이 네가 무엇을 할 것인지에 대해 약속할 수 있겠니? 명심해! 이건 너 자신에게 묻는거야.
수　잔 : 예, 할 수 있어요 나는 내가 스스로 무언가를 할 수 있을 때 기분이 좋아요.
상담자 : 좋아, 너는 네 부모님이 학교와, 네 방, 그리고 다른 것들

에 대해서 화를 내신다고 한 적이 있어. 네가 울면서 잠이 든 적도 있다고 했지?

수 잔 : 예, 전 부모님이 설교하실 때 고함을 질렀어요.

상담자 : 자 수잔, 생각해봐라. 네가 원하기만 하면 집에서의 상황을 더 나쁘게 만들 만한 방법이 있을까?

수 잔 : 이상한 질문이네요. 그럴 수 있을 것 같아요.

상담자 : 그래 잠시 이 것에 대해 얘기해 보자. 만일 네가 집안을 엉망으로 만들려고 한다면 어떻게 할까?

수 잔 : 음, 부모님들이 설교하실 때 대들면 될 것 같은데요.

상담자 : 그럼 어떻게 될까?

수 잔 : 부모님들을 정말 화나게 할 거예요.

상담자 : 부모님들은 네게 어떻게 하실까?

수 잔 : 아마 여름 내내 외출을 금지하실 거예요.

상담자 : 그렇다면 외출금지가 너에겐 어떨 것 같니?

수 잔 : 감옥 같겠죠.

상담자 : 네 기분이 나아지는데 도움이 되지 않겠구나.

수 잔 : 지겨운 지옥같을 거예요.

상담자 : 그렇게 된다면 하루종일 집에 있어야 하고 더 많은 설교

를 들어야겠구나.

수　잔 : 그래요

상담자 : 문제를 더 악화시키려면 어떻게 하면 될까?

수　잔 : 설거지하는 것을 거부하고, 언니와 싸우고, 또 동생을 못 살게 괴롭히지요

상담자 : 그럼 되겠구나. 그럼 너는 어떻게 될까?

수　잔 : (웃으면서) 내년 여름에도 외출금지겠지요

상담자 : 그것이 네게 기쁨일까? 고통일까?

수　잔 : 엄청난 고통임에 틀림없죠

상담자 : 네 방은?

수　잔 : 깜빡 잊었네요 절대 치우지 않지요

상담자 : 방안을 마구잡이로 어지럽혀 놓으면 어떻게 될까?

수　잔 : 확실하죠 물건들을 아무데나 던지는 것 말이죠?

상담자 : 그래. 먹은 것을 치우지 않고 놔두고, 이부자리도 개지 않고, 빨래를 아무데나 던져놓고 말이야

수　잔 : 그럴 수 없지요 절대로 그렇게 못해요

상담자 : 나도 알아. 그렇게 하라는 것이 아니야. 얼마든지 네가 원하면 가능하다는 거지.

수 잔 : 그런 것들 때문에 벌을 받게 되면 저는 정말 우울할 거예요.
상담자 : 그런 행동을 선택하면 너에게 해가 되겠지?
수 잔 : 예.
상담자 : 그럼 너에게 해가 되는 선택들과 반대되는 선택들은 무엇일까?
수 잔 : 잘 모르겠어요.
상담자 : 예를 들면, 부모님이 설교하시지?
수 잔 : 예.
상담자 : 그런 설교를 듣지 않기 위해 어떤 것을 선택할 수 있을까?
수 잔 : 숙제, 방, 또 전화 때문에 주로 설교하시는 편이예요.
상담자 : 전화? 그거 새로운 것이구나!
수 잔 : 깜빡 잊었어요.
상담자 : 그래, 그럼 그 중 어떤 것이 제일 힘들고 어떤 것이 제일 쉬울까?
수 잔 : 전화가 제일 쉽고, 숙제가 제일 어렵지요.
상담자 : 그럼 어떤 것을 먼저할까?
수 잔 : 전화요.

상담자 : 전화에 대해서 바꾸고 싶니?
수　잔 : 저는 친구들과 전화하는 것을 좋아해요
상담자 : 설교들은? 도움이 되니, 해가 되니?
수　잔 : 예, 전화거는 것을 중단할 수 있어요
상담자 : 그건 너무 심하다. 전화 통화시간을 좀 줄이면 어떨까?
수　잔 : 미처 생각 못했어요 그렇게 할 수 있어요
상담자 : 너무 급하게 하지 말자. 전화 통화를 얼마나 하지? 예를 들어 어젠 어땠어? (오랜 이야기 끝에 수잔이 집에 돌아와서 1시간, 밤에 2시간씩 하루 평균 3시간의 전화를 한다는 점이 발견되었다.)
상담자 : 전화 통화 시간을 줄일 수 있겠니?
수　잔 : 그러죠.
상담자 : 좋아. 계획이 뭐지? 오늘 밤에 전화 통화를 얼마나 할거니? 현실적으로 말이야.
수　잔 : 저…. 한 시간이 어떨까요?
상담자 : 그게 현실적으로 가능하니? 그럴 수 있겠어? 전화 통화 시간을 반으로 자르는건대.
수　잔 : 예, 할 수 있어요

상담자 : 누구랑 얘기할까?

수　잔 : 로즈마리라는 친구요

상담자 : 전화를 할 때 그 상황을 어떻게 말하겠니? 뭐라고 설명하겠니?

수　잔 : 전화를 끊어야 한다고 말할 거예요

상담자 : 그래, 친구에겐 할일이 있다고 말할 수도 있겠구나.

수　잔 : 예, 그게 사실일 수도 있어요

상담자 : 전화하는 것 대신에 무엇을 하겠니?

수　잔 : 숙제를 빨리 해놓겠어요

상담자 : 내가 보기에는 네가 뭔가 묘안을 떠올린 것 같구나. 전화하는 것과 학교 숙제에 대해서 설교를 덜 들을 수 있겠는 걸. 이것들은 서로 연관이 있는 것 같구나.

수　잔 : 지저분한 방이 아직 남아 있어요 전 그 쓰레기들을 절대로 청소할 수 없을 거예요

상담자 : 모든 것을 오늘 다해야 한다는 규칙은 없어. 15분 동안 해보는 건 어떨까?

수　잔 : 그건 할 수 있어요

상담자 : 내가 제안을 하나 해도 될까?

수　잔 : 좋아요
상담자 : 방에서 가장 지저분해 보이는 곳을 치워봐. 그리고 나서 계속 하고 싶은 기분이 들더라도 15분 후에 멈춰봐. 15분을 넘으면 안돼.
수　잔 : 그렇게 조금씩 치우면 방을 다 치우지 못해요
상담자 : 그럴 필요 없단다. 첫 번째 단계를 시작하는 것이 어려운 거야.
수　잔 : 그렇긴 해요
상담자 : 이런 변화가 네게 도움이 될까? 해가 될까?
수　잔 : 도움이 될 거예요
상담자 : 엄마와 아빠가 변한다는 보장은 없단다. 하지만 난 네가 일 주일 동안 그렇게 한다면 부모님들도 너의 변화에 놀라워하실 거라고 생각해.
수　잔 : 틀림없이 그러실 거예요
상담자 : 다시 한번 확인해 보자. 계획이 뭐였지?
수　잔 : 전화통화를 1시간 정도로 줄이고, 숙제를 좀더 일찍 하고, 15분 동안 방을 청소할 거예요.
상담자 : 좋아. 넌 어떤 길위에 있지?

수 잔 : 행복의 고속도로 위에요.
상담자 : 수잔, 네가 붙인 이름이 마음에 드는 구나. 수잔, 다음에 보자.

도움말, 여덟

지금까지 살펴본 바와 같이 수잔의 모든 문제가 다 해결된 것은 아니지만 분명히 그녀는 자신의 삶을 통제하는 것을 배웠다. 즉, 좋은 기분, 효율적인 행동 등이 자신에게 달려 있음을 배운 것이다. 그러한 행동은 노력과 "내가 하고 있는 일이 나에게 도움이 될까?" "내가 원하는 것을 얻을 수 있을까?" "내가 할 수 있는 더 좋은 행동 방향이 있을까?" "내가 지금 세울 수 있는 더 좋은 구체적인 계획이 있을까?" 와 같은 것에 의해 선행된 내적 평가와 반복적인 계획이 필요하다.

본 사례는 상담 사이클과 치료자가 어떻게 내담자가 자신의 통제 체계와 접촉하게 하는지를 보여준다. 수잔은 부모와 자신으로부터 자신의 바램이 무엇인지를 규명하고 그녀 주변의 세계를 어떻게 인식할 것인지를 규명하도록 유도되었다. 수잔은 자신의 감정 행동을 표현하고 행동을 설명하였다. 수잔은 자신의 사고, 특히 자신의 행위의 효율성과 바램의 성취가능성을 평가할 때의 자신의 사고를 살펴보았다.

본 사례에는 전형적인 치료 일정에서의 일반적 대화는 배제되었다. 현실치료에서 필수적인 것만을 설명하기 위해서 생략된것이다. 실제 상담에서는 간단한 이야기, 라포 형성을 위해 친근하고 유머러스한 대화를 하는데 더많은 시간을 보냈다. 그러나 이런 대화는 다른 접근의 치료와 거의 다르지 않다.

본 사례는 WDEP 체계의 핵심만을 설명하려고 하였다. 또한 수잔의 동기 변화를 돕는데는 몇 번의 상담일정이 더 필요하였다. 수잔의 경우, 전체 가족관계를 다루기 위하여 가족 치료도 좋다.

지금까지의 내용을 요약해보면 통제이론이라고 불리는 뇌기능 이론에 기초한 현실요법은 전문가들과 일반인들이 이해하기 쉬운 방법으로 설명되었다. WDEP 방법론의 현실적인 구성은 인간의 지능을 혼란시키는 애매한 전달 체계가 아니다. 그 원리는 쉽게 이해된다.

동시에 기술들은 적용하기 쉽지 않다. 창의적이고 효율적인 현실요법의 사용을 위하여 운동 기술과 같이 연구, 연습, 피드백, 조언이 요구된다. 단순히 읽어서 되는 일이 아니다. 따라서 현실요법 기관에서는 이 이론의 자격증을 원하는 사람을 위하여 18개월의 훈련프로그램을 개발하였다. 이 프로그램을 수료하면 현실요법의 전문가로 인정받게 된다. 연구소에서는 슈퍼바이저(supervisor)와 강사자격증 제도도 존재한다. 현실요법의 사용이 실증적으로 타당화되었지만 아직 많은 적용사례들이 연구되어야 한다. 더욱 연구되어야 할 분야는 개인, 집단, 가족 치료의 효과들이다.

현실요법을 연구하는 사람들

현실요법은 상담, 심리치료, 교육, 경영, 고용자 교육, 그리고 부모와 가족 관계 등 거의 모든 상호작용에 적용되어 왔다. 전문가들은 이 상담 방법을 개인적인 연습, 교정, 교육, 그리고 사업에 사용하기도 한다. 흔히 치료자들은 내담자와 학생과의 계속된 접촉에 책임을 져야 할 때 현실 요법을 이용하였다. 그리고 그 효용성은 다음의 연구들에서 검증되고 타당화되었다.

쉐이에 의하면 현실요법을 행동 장애 남자 학생들에게 사용하였을 때 자아개념의 증진에 효과적이었으며 법정에 서는 비율이 낮아졌다고 한다. 그러나 학교에서 결석률과 훈육률에 의해서 의뢰된 학생들을 실험집단과 통제집단으로 나누어 비교하였을 때 유의미한 변화는 없었다.

갱은 현실요법에 기초한 개입이 학생들의 행동을 변화시키는지를 연구하였다. 연구자들에 따르면, 연구 자료들은 현실요법은 매우 효과적이었음을 보여주었다고 한다. "문제 행동이 감소 되었고 각각 대상 학생의 바람직한 행동이 증가하였다". 교사들 또한 변화가 생기려면 지속적인 관계가 필수적이라고 느꼈다.

저먼은 기관에 수용된 청소년들에게 현실요법에 근거한 집단 상담의 효과를 연구하였다. 비록 자신감의 변화는 측정되지 않았지만 학생들은 "비교집단의 학생들보다 처벌이 필요한 행동을 덜 보였다." 또 실험 집단은 "더욱 수용적인 사람들"로 보였으며 또래들에 의해 덜 거부되었다." 연구자들은 집단 현실 치료가 변화를 일으키는데 효과적이라고 결론지었다.

현실요법의 효율적인 교육도구로써의 타당성은 포펜에 의하여 보고 되었다. 문제가 가장 많은 학생들에게 10단계 훈련방법을 사용했다. 연구의 결과는 현실요법의 사용을 '강력하게 지지'하였다. 각 학생의 적절한 행동은 18퍼센트에서 47퍼센트로 증가하였다.

앳트웰은 자기관리 도구로서의 현실요법 원리의 교육의 효과를 연구하였다. 이는 학생의 과제에 집중하는 시간이 증가될 것이라는 가정을 하였다. 연구자들은 "처치의 결과, 과제에 집중하는 시간의 비율이 유의미하게 증가되었다"고 결론지었다.

야리쉬는 현실치료가 자신의 행위에 책임을 지는 신념에서의 인지된 변화를 야기하는지를 보기 위하여 기숙치료 프로그램에 참여하는 청소년들을 대상으로 연구하였다. 이러한 고도로 통제된 연구에서의 현실 치료의 사용은 참여자의 통제의 위치에 대한 인식 변화에 의미 있는 변화를 가져왔다. 그들은 외부의 힘이 자신들을 통제한다는 관점에서 그들이 스스로 선택한다는 관점으로 바뀌었다.

하트해스터와 그의 동료들은 9세에서 11세의 초등학교 학생의 행동변화를 돕는데 현실치료의 효과를 연구하였다. 그들은 집단을 상담하고 행동 계획을 만드는 것을 권장했다. 계획을 교사와 공유하고 후속된 결과를 실증적으로 보여주기 위한 점검을 하였다. 연구자들은 "연구 자료는 각각의 학생들이 과제에 집중하는 시간의 비율이 현저하게 증가되었음을 보여준다"고 말한다.

대안적 학교의 평가에서 고터 캐스는 현실요법의 사용이 "덜 심한 행동으로의 흐름"을 만들어 낸다는 것을 발견하였다. 게다가 현실요법의 몇몇 요소의 사용은 "정체감, 개인적인 자가-가치, 가족자아와 전체적인 자아 개념에 유의한 변화"를 가져온다.

허니먼은 아일랜드의 치료에서 개인적 통찰의 변화가 현실요법의 결과라고 주장하였다. 원생들은 내적인 자신감을 증진시키고, 그들의 음주 통제 불능에 대한 인식을 하고 더욱 책임감 있게 살 수있다는 통찰을 하였다. 그들은 또한 그들 자신이 더욱 이타적일 수 있으며, 자기도취행동을 줄일 수 있다는 인식을 하였다.

다른 연구들은 교사들에게, 대학원생들에게, 자녀를 양육하는 부모에게, 부정적인 중독증 치료자에게, 그리고 문제를 일으키는 근로자들의 중재에 긍정적인 효과를 보여주었다.

　현실요법의 효율성을 검증하는 연구들이 증가하고 있다. 선택적인 함묵증, 자살 위협자, 스트레스, 섭식 장애, 노화, 가정 폭력, 학대, 자살 행동, 그리고 3학년 학생들의 집중행동에게 적용되었다.

　몇 년 동안 현실치료를 사용한 연구들은 꾸준히 증가되었다. 그럼에도 불구하고 현실요법의 사용과 그 효율성은 더욱 연구되어야 한다. 이러한 방법은 교도 교육, 학교, 정신 위생 기관, 그리고 실제로 모든 환경에 폭넓게 사용된다. 개인, 집단 그리고 기관에서의 그효율성을 입증할 수 있는 연구들을 건의한다.

에필로그

요즘 사회적으로 문제시되고 있는 학원 폭력, 청소년 비행과 가정 폭력의 증가에 대해서 부모와 교사, 학교 당국 그리고 전문가들조차도 근시안적인 처방책을 제시할 뿐 근본적인 해결책은 제시하지 못하고 있다. 현실요법을 접하고 연구하면서 역자는 현실요법이 이러한 문제들을 해결하는 데에 실마리를 제공할 수 있을 것이라는 확신을 갖게 되었다.

현실요법 이론가들이 이야기한 사랑, 책임감, 훈육, 일, 놀이, 믿음이라는 맥락 속에서 아동의 양육이 이루어진다면 이러한 사회적인 문제들을 사전 예방할 수 있을 뿐만 아니라 아동을 책임감 있고, 사랑스럽고, 자유로운 인격체로 성장하게 할 수 있을 것이다. 그리고 나아가 아동이 좀 더 양질의 세계를 경험하는 데에 도움을 줄 수 있을 것이라 생각된다. 이러한 노력이 질적인 세계 (Quality World)의 건설에 이바지 할 수 있으리라 믿는다.

참 고 문 헌

Atwell, B. (1982). "A study of teaching reality therapy to adolescents for self-management, *43*, 699.

Bartollas, C. & Miller, S.J. (1974). *Correctional administration.* NY: McGraw-Hill.

Bruce, W. (1986). "Reality therapy proven to be an effective management strategy: A report of computer Model." *Journal of Reality Therapy. 5*, 15-24.

Chance, E., Bibens, R., Cowley, J., Prouretedal, M., Dolese, P., Virtue, D. (1990). "Lifeline: A drug/alcolohol treatment program for negatively addicted inmates." *Journal of Reality Therapy. 9*, 33-38.

Corimer, W., & Corimer, L. (1985). *Interviewing strategies.* Monterey: Brooks/Cole.

Cornell, N. (1986). "Encouraging responsibility-a discipline plan that works." *Learning, 15*, 47.

Corsini, R. (1984). *Current psychotherapies.* ILL: Peacock.

Corwin, N. (1987). "Social agency practice based on reality therapy/control theory:" *Journal of Reality Therapy. 7*, 26-35.

Counselor & Social Worker Law. (1984). Chapter 4757, Revised Code, Columbus. State of Ohio.

Cousins, N. (1979). *Anatomy of an illness.* NY: W. W. Norton.
Cousins, N. (1983). *The healing heart.* NY: W. W. Norton.
Edelwich, J. (1980). *Burn-out.* NY: Human Sciences Press.
Estep, M. (1987). Concept of Power and Systems Models for Developing Countries. *Cybernetics and Systems. 18,* 15-26.
Evans, D. (1982). What are you doing? An interview with William Glasser." *Personnel and Guidance Journal. 60,* 460-465.
Fay, A. (1978). *Making things better by making them worse.* NY: Hawthorn.
Fennel, C. (1978). *Counseling familites.* Love Publishers.
Floyd, C. (1990). *The quality world workbook.* Cincinnati, OH: Real World Publications.
Ford, E. (1977). *For the love of children.* NY: Doubleday.
Ford, E. (1979). *Permanent love.* Minneapolis: Winston.
Gang, M. (1975). Empirical validation of a reality therapy intervention program in an elementary school classroom. *Dissertation Abstracts International. 35*(8-B), 4216.
German, M. (1975). The effects of Group Reality Therapy on

Institutionalized Adolescents and Group Leaders. *Dissertation Abstracts International. 36,* 1916.
Glasser, N. (Ed.). (1980). *What are you doing?* NY: HarperCollins.
Glasser, N. (Ed.). (1989). *Control theory in the practice of reality therapy.* NY: HarperCollins.
Glasser, W. (1965). *Reality therapy.* NY: HarperCollins.
Glasser, W. (1968). *Schools without failure.* NY: HarperCollins.
Glasser, W. (1972). *The identity society.* NY: HarperCollins.
Glasser, W. (1980a). Reality Therapy. In N. Glasser (Ed.), *What are you doing?* (pp. 48060). NY: HarperCollins.
Glasser, W. (1980). *Stations of the mind.* NY: HarperCollins.
Glasser, W. (1985). *Control theory.* NY: HarperCollins.
Glasser, W. (1986a). *Control theory-reality therapy worikbook.* Los Angeles: Institute for Reality Therapy.
Glasser, W. (1986b). *Control theory in the classroom.* NY: HarperCollins.
Glasser, W. (1986c). *A diagram of the brain as a control system.* Los Angeles: Institute for Reality Therapy.
Glasser, W., & Karrass, C. (1980). *Both-win management.* NY: Lippencott.

Glasser, W., (1990). *The quality school.* NY: HarperCollins.
Gorter-Cass, S. (1988). Pr9ogram Evaluation of an Alternative School using William Glasser's Reallity Therapy Model for Disruptive Youth. *Dissertation Abstracts International. 49,* 1702A.
Harter-Hester, S., Heuchert, C., & Whittier, K. (1989). The Effects of Teaching Reality Therapy Techniques to Elementary Students to Help Change Behaviors. *Journal of Reality Therapy. 8,* 13-18.
Herlihy, B.,& Golden, L. (1990). *Ethical Standards casebook.* Alexandria: American Association for Counseling and Development.
Heuchert, C., Pearl, G. I., & Harter-Hester, S. (1986). Increasing the use of Appropriate Behaviors of Two Third Grade Students with Reality Therapy: A Pilot Study. *Journal of Reality Therapy. 6,* 11-20.
Honeyman, A. (1990). Perceptual Changes in Addicts as a Consequence of Reality Therapy Based on Group Treatment. *Journal of Reality Therapy. 9, 53-59.*

Ingram, J., & Hinkle, S. (1990). Reality Therapy and the Practitioner Approach: A Case Study. *Journal of Reality Therapy. 10,* 54-58.

Ivey, A. (1980). *Counseling & psychotherapy.* NJ: Prentice Hall.

Kaiser, H. (1955). The Problem of Responsibility in Psychotherapy. *Psychiatry. 18,* 205-211.

Parish, T. (1988). Helping Teachers Take More Effective Control. *Journal of Reality Therapy. 8,* 42-43.

Pask, G. (1976). *The cybernetics of learning & performance.* London: Hutinson.

Peter, L. (1982). *The laughter prescription.* NY: Ballantine.

Peterson, A., & Truscott,k J. (1988). Pete's pathogram: quantifying the genetic needs. *Journal of Reality Therapy. 8,* 22-32.

Pietrofesa, J., Hoffman, A., Splete, H., & Pinto, D. (1978). *Counseling: Theory, research, and practice.* Chicago: Rand McNally.

Poppen, W., Thompson, C., Cates, J., & Gang, M. (1976). Classroom discipline problems and reality therapy: Research support. *Elementary School*

Guidance & Counseling. 11, 131-137.
Powers. W. (1973). *Behavior, the control of perception.* NY: Aldine.
Rachin, R. (1974). Reality Therapy: Helping People Help Themselves. *Crime & Delinquencey. 20,* 45-53.
Seltzer, L. (1986). *Paradoxical strategies in psychotherapy.* NY: JohnWiley & Sons.
Shea, G. (1973). The Effects of Reality Therapy Oriented Group Counseling with Delinquent, Behavior-Disordered Students. *Dissertation Abstracts International. 34,* 4889-0.
Sickles, W. (1976). *Psychology: A matter of mind.* Dubuque: Kendell/Hunt.
Thinkers to Watch. (1984). *Today's Education. 72,* 68.
Weeks, G., & L'Abate, L. (1982). *Paradoxical psycho-therapy.* NY: Brunner/Mazel.
Whitehouse, D. (1984). Adlerian Antecedents to Reality Therapy and Control. Theory. *Journal of Reality Therapy. 3,* 10-14.
Wiener, N. (1948). *Cybernetics,.* NY: John Wiley & Son.
Wiener, N. (1950). *The human use of human beings:*

cybernetics & society. Boston: Mifflin.
Witmer, J. (1978). Professional Disclosure in Lincensure. *Counselor Education & Supervision. 18, 71-73.*
Witmer, J. (1985). *Pathways to personal growth.* Muncie, IN: Accelerated Development.
Wubbolding, R. (1979). Reality Therapy as an Antidote to Burn Out. *American Mental Health Counselors Association. 1,* 39-43.
Wubbolding, R. (1981). Balancing the Chart: Do It Person & Positive System Person. *Journal of Reality Therapy. 1,* 4-7.
Wubbolding, R. (1984). Using Paradox in Reality Therapy - Part I. *Journal of Reality Therapy. 4,* 3-9
Wubbolding, R. (1984). Reality Management: Getting Rasult. *Landmark, Indo American Societ.* 11, 6-8.
Wubbolding, R. (1985). Changing your life for the better. Johnson City, TN: Institute for Science & the Arts.
Wubbolding, R. (1985). Characteristics of the Inner Picture Album. *Journal of Reality Therapy. 5,* 28-30
Wubbolding, R. (1985c). Counseling for Result. *Not Out of*

Sight. 6, 14-15

Wubbolding, R. (1986a). *Reality Therapy training.* Cincinnati: Center for Reality Therapy.

Wubbolding, R. (1986b). Proffessional Ethics :Imformed Consent & Professional Disclosure in Reality Therapy. *Journal of Reality Therapy. 6,* 30-35

Wubbolding, R. (1986c). Legal, Ethical, Professional Issues in Reality Therapy: Codes of Ethics. *Journal of Reality Therapy. 5,* 25-28.

Wubbolding, R. (1987). Professional Ethics: Handing Suicidal Threats in the Counseling Session. *Journal of Reality Therapy. 7.* 12-15.

Wubbolding, R. (1988). *Using Reality Therapy.* NY: HarperCollins.

Wubbolding, R. (1990a). Evaluation: the Corenerstone in the Practice of Reality Therapy. *Omar Psychological Series. 1,* 6-27,

Wubbolding, R. (1990b). *Managing people:what to say when what you say doesn't work.* Cimcinnati: Real World Publications.

Wubbolding, R. (1990c). *A set of directions for putting(and keeping) yourself together.* Cimcinnati: Real World Publications.

Wubbolding, R. (1991a). Understanding *Reality Therapy.* NY: HarperCollins.

Wubbolding, R. (1991b). Reality Therapy. In A. Horne & L. Passmore(Eds). *Family Counseling & Therapy* Itasca, NY: Peacock.

Wubbolding, R. (1986). Reality Therapy and Locus of Control of Juvenile Offenders. *Journal of Reality Therapy. 6,* 3-10

게임으로 배우는 현실요법

공룡아, 공룡아 뭐하니?

이 게임은 이 책의 저자인 이양희 교수가 직접 연구하여 고안한 것으로
아이들의 욕구를 알아보는 다양한 질문들로 구성되어 있다.
따라서 저작권은 저자에게 있으며 어떤 경우라도 무단 전재하거나 복제하여 사용할 수 없다.

이 게임놀이를 꼭 해야 하는 이유

어린이들은 아동기의 특성상 자신의 문제를 스스로 파악하고 직접적으로 표현하는 것에 익숙하지 않습니다. 뿐만 아니라 부모나 다른 어른들의 질문에 대해서 명료하게 자신의 문제를 털어놓는데 어려움을 느낍니다. 어른들은 어린이의 문제에 직접 접근하여 문제를 밝혀내려 하지만 그러한 접근은 실제 아동과의 자연스러운 상호관계를 유도하기가 어려워서 실패하기가 쉽습니다.

따라서 아동들이 친숙하고 흥미롭게 느끼는 '게임'이라는 매개물을 통해서 문제를 가진 아동이 자연스럽게 자신의 이야기를 할 수 있는 기회를 제공하고자 하는 목적으로 이 게임을 제작하게 되었습니다. 또 현실요법의 주요 원리를 실생활에 적용하고자 하는 의도도 포함되었습니다.

주변의 어린이들과 이 게임을 하다보면 아이들이 무엇을 원하는지, 요즘 생활은 어떤지, 고민이 무엇인지, 교우관계는 어떤지, 부모에게 불만은 없는지 등 아이들이 직접 고백하지 않는 많은 정보를 쉽고 자연스럽게 얻을 수 있습니다. 따라서 이 게임은 아동과 함께 생활하는 부모나 교사들이 아동의 욕구를 파악하고 그에 맞는 적절한 도움을 줄 수 있게 도와주며 아이들은 자신의 자존심을 손상당했다고 느끼지 않고 불만을 해소할 수 있는 효과를 얻을 수 있습니다. 이 게임을 통해 자연스럽게 아이들의 마음상태나 불만, 욕구 등을 접하다보면 아이들을 더욱 더 이해하고 사랑하게 될 것입니다.

아동의 문제 파악 및 치료의 목적뿐만 아니라 유치원에서 또는 가정에서 아동의 현재 상황을 이해하고 아동과 질적인 시간을 가지는 데에 유용하게 쓰이기를 기대합니다.

이런 원리로 게임을 제작하였습니다

이 게임은 현실요법에 입각하여 글라써가 주장하는 다섯 가지 기본 욕구에 따라 어린이의 현재 욕구를 파악하여 현실요법에 응용하기 위해 제작되었습니다. 게임에 이용되는 카드는 네 가지의 욕구영역과 행동 및 평가영역으로 이루어져 있으며, 각 영역마다 15개씩의 카드가 있습니다.

카드의 내용은 명확하게 규정되어 있는 것은 아니며 현실요법 치료자는 어린이의 현재 문제에 맞게 카드의 내용을 수정할 수 있습니다. 초기에는 어린이의 문제에 직접 관련이 없는 중립적인 내용의 카드를 이용하여 어린이 자신의 문제에 직면하지 않고 게임을 즐길 수 있도록 하며, 어린이와 점점 친밀해지면 어린이의 문제와 상황에 맞는 적절한 내용의 카드를 구성하여 사용하면 됩니다.

준비물을 챙겨보세요

★ 게임판 - 책 뒷부분에 있는 게임판을 잘 오려서 사용하십시오
★ 주사위 - 게임기 안에 포함되어 있지 않으니 따로 준비해 주십시오
★ 말 - 서양게임의 체스에 쓰이는 말과 같은 것입니다. 마땅한

것이 없으면 작은 공룡 인형이나 윷놀이에 사용하는 도구 등을 사용하십시오. 역시 책에 포함되어 있지 않으니 따로 준비를 하십시오.

★ 토큰 - 동전이나 지폐는 사용하지 마십시오. 대신할 수 있는 것으로는 구슬, 단추, 성냥개비, 바둑알 등이 있습니다. 이것도 따로 준비해주십시오.

★ 카드 - 이 책의 뒷면에 붙어 있는 다섯가지 색깔의 색종이를 오려서 게임판에 같은 색깔끼리 놓은 후 사용합니다. 질문이 쓰여있지 않은 카드에는 다른 질문을 써서 사용하십시오.

게임을 즐기는 요령

☞ 우리나라의 전통 놀이인 윷놀이와 게임의 요령이 비슷하다고 생각하면 아주 쉽습니다.

① 게임에 참여하는 사람의 숫자에는 제한이 없습니다.

게임을 시작하기 전에 게임을 주도하는 어른은 이 책의 뒷면에 붙어 있는 색지를 오려 같은 색상별로 구분한 뒤 게임판의 같은 색지 위에 순서대로 쌓아 둡니다. 이때 질문 사항이 보이지 않도록 놓아야 합니다.

색지가 상징하는 욕구의 종류를 구분하기 위해 먼저 색지의 뒷면에는 일괄적으로 다음에 따라 각각 네 가지 욕구와 행동하기를 적습니다.
빨간색 카드의 뒷면에는 **자유의 욕구**
아이보리색 카드의 뒷면에는 **행동하기**
주황색 카드의 뒷면에는 **힘의 욕구**
연두색 카드의 뒷면에는 **사랑과 소속의 욕구**
청녹색 카드의 뒷면에는 **즐거움의 욕구**

② 게임에 참여하는 모든 사람들은 자신이 사용하게 될 말을 준비하고 가위바위보로 게임의 순번을 정합니다. 이때 말 대신 작은 동물 인형을 사용하면 좋습니다.

③ 게임의 순번이 정해지면 우선 순위부터 차례대로 주사위를 던집니다.

④ 주사위에 나온 숫자 만큼 게임판 위의 말을 전진시킵니다.

⑤ 전진하다가 글씨가 씌여 있는 칸에 놓이면 명령대로 합니다.
(예:빨란 옷을 입었으면 앞으로 두칸 가세요)

⑥ 말이 까만 발자국이 있는 칸에 놓이면 말과 제일 가까운 곳에 있는 카드를 하나 집습니다. 발자국에 놓이지 않으면 계속 전진합니다.

⑦ 카드를 선택하면 카드에 적힌 질문을 큰 소리로 읽은 다음 대답을 합니다.

⑧ 대답을 하고 나면 카드에 적혀 있는 숫자만큼의 토큰을 줍니다.

⑨ 대답하지 않고 통과할 수 있으나 반드시 대답을 했을 때에만 토큰을 줍니다.

⑩ 게임을 진행하다보면 카드가 모자랄 수도 있습니다. 이것에 대비하여 게임을 진행하는 담당자는 아이들의 현재 상황에 알맞

는 내용의 카드를 준비하여 주십시오
⑪ 계속 이런 식으로 진행하면 한 게임이 끝납니다.
⑫ 아이들이 받은 토큰을 사례할 수 있는 적당한 물건으로 바꿔주십시오 예를 들면 토큰 수만큼 과자를 준다거나 학용품을 사주는 것도 좋습니다.
⑬ 게임이 끝나면 부모는 아이가 원하는 것과 아이의 현재상태를 자연스럽게 파악할 수 있을 것입니다.

★ 참고사항 : 카드에 적힌 문구는 아이의 특성이나 상황에 따라 부모가 적절하게 바꿔 쓸 수 있으며 카드에 적힌 질문을 읽고 대답을 할 때마다 주는 토큰은 특별한 의미를 갖지 않습니다. 토큰을 주는 것은 무엇인가 사례를 받고 싶어하는 아이들의 심리에 착안한 것입니다. 여기에는 두가지 목적이 있습니다. 첫째는 토큰을 다 모아 게임이 끝난 뒤에 미리 정한 물건이나 활동으로 교환할 수 있습니다. 둘째는 보상을 지연시키면서 그 순간에 아이들의 흥미와 참여도를 증진시키는데 있습니다. 따라서 작은 구슬이나 바둑알 등은 사용할 수 있지만 물질적, 경제적 보상성격이 강한 동전이나 지폐는 삼가해야 합니다.

카드에는 어떤 의미가 담겨 있을까요

인간은 누구나 다섯가지 욕구를 가지고 있습니다. 누군가에게 사랑받고 소속되고 싶은 '사랑과 소속의 욕구', 자신의 의지에 따라 자유롭게 행동하고 사고하고 싶은 '자유의 욕구', 자신의 힘을 과시하고 타인과의 경쟁에서 이기고 싶은 '힘의 욕구', 인간생활의 필수요소인 '즐거움의 욕구', 생명을 유지하는데 필요한 생리적 욕구 등이 그것입니다.

우리들의 생활속에서 표현되는 행동이나 말, 모든 태도는 무의식 중에 이 다섯가지 욕구와 관련되어 있습니다. 짜증이나 불만, 기쁨이나 환희도 이 욕구들이 종합적으로 충족이 되었느냐, 충족되지 못했느냐에 따라 다르게 표현되는 것입니다. 때문에 우리가 다른 사람과 관계를 유지할 때 이 다섯가지 욕구를 제대로 파악하면 자칫 갈등이 생길 소지를 줄일 수 있고 많은 문제도 미연에 방지할 수 있는 것입니다.

다섯 가지 색깔로 구성된 카드는 아이들의 욕구를 골고루 알아볼 수 있는 다양한 질문들로 구성되어 있습니다. 질문을 자세히 보면 아이들이 거부감을 느끼지 않고 재미있게 대답할 수 있는 평범한 질문이지만 그 내면을 잘 보면 아이들의 기본적인 욕구와 바램이 은밀하게 숨겨져 있음을 발견할 수 있습니다.

카드에는 다섯 가지 욕구 외에 아이들의 행동과 그것을 평가하는 질문도 포함되어 있습니다. 행동은 욕구의 직접적인 표현입니다. 따라서 행동을 살핌으로서 숨어 있는 욕구를 알아내는 것입니다.

좀더 구체적으로 설명하고 이해를 돕기 위해 각 욕구의 특성과 성격, 그리고 욕구에 알맞는 질문들로는 어떤 것들이 있는지 살펴보겠습니다.

하나, 사랑과 소속에 대한 욕구입니다

인간사회에서는 다른 사람들과 사귀고 사랑받고 싶은 욕구가 엄청나게 강합니다. 또 그들에게 소속되고 싶어하는 욕구도 생존의 욕구만큼이나 강합니다. 따라서 아동이 그들의 환경 속에서 가족이나 친구들과 상호작용하며 어떻게 자신의 욕구를 충족해 나가는지 탐색하는 것은 매우 중요합니다. 이 욕구 영역에 속하는 카드의 내용입니다.

· 누구와 함께 있을 때 가장 기분이 좋으니? (토큰 1개)
· 제일 좋아하는 사람이 누구니? (토큰 1개)
· 친한 친구의 이름을 말해 주겠니? (토큰 1개)
· 엄마랑 무엇을 할 때 가장 기분이 좋으니? (토큰 1개)
· 아빠랑 무엇을 할 때 가장 기분이 좋으니? (토큰 1개)
· 친구랑 무엇을 할 때 가장 기분이 좋으니? (토큰 1개)
· 집에서 키우고 있는 동물이 있니? (토큰 1개)
· 친구가 몇 명이나 되니? (친구의 수만큼 토큰을 준다)
· 엄마가 제일 좋아하는 사람은 누구라고 생각하니?
  그 이유가 무엇일까? (토큰 1개)
· 아빠가 제일 좋아하는 사람은 누구라고 생각하니?
  그 이유가 무엇일까? (토큰 1개)
· 너희 반에서 제일 인기 있는 아이가 누구니? (토큰 1개)
· 사람들은 어떤 사람을 좋아한다고 생각하니?
  너 자신은 사람들이 좋아하는 사람이니? (토큰 1개)
· 너에게 안좋은 일이 생겼을 때 누가 가장 슬퍼할까? (토큰 1개)
· 너에게 좋은 일이 생겼을 때 누가 가장 좋아할까? (토큰 1개)

· 생일파티에 초대하고 싶은 사람들이 있다면 누구니? (토큰 1개)

둘, 힘에 대한 욕구입니다

　힘에 대한 욕구는 다른 사람들과의 경쟁을 통한 성취감, 자존심, 인정 등으로 나타납니다. 그리고 종종 다른 욕구들과 갈등관계에 놓이기도 하지만 인간을 끊임없이 앞으로 나아가게 하는 원동력이 됩니다. 이 욕구 영역에 속하는 카드의 내용입니다.

· 지금까지 한 일들 중에 가장 자랑스러운 일이 무엇이니? (토큰 1개)
· 제일 잘하는 운동이 뭐니? (토큰 1개)
· 제일 잘하는 과목이 뭐니? (토큰 1개)
· 친구들과 게임을 할 때 누가 많이 이기니? (토큰 1개)
· 친구들과 놀이에서 네가 이겼다고 가정해 보자.
　그게 무슨 놀이였을까? (토큰 1개)
· 네가 하는 말을 친구들이 잘 따르는 편이니? (토큰 1개)
· 두 팀으로 나누어 농구시합을 한다고 생각해 보자.
　각 팀 주장이 자기편 선수들을 뽑을 수 있다면 너는 몇번째쯤 뽑힐 것 같니? (토큰 1개)
· 학교에서 연극을 한다고 생각해 보자.
　너는 무슨 역할을 맡고 싶니?
　그 이유가 무엇일까? (토큰 2개)
· 옷을 사러 나갔을 때 네 옷을 누가 고르니? (토큰 1개)
· 친한 친구랑 둘이 논다고 생각해 보자.
　무엇을 하고 놀지는 누가 결정하니? (토큰 1개)

· 반에서 인기 투표를 한다면 너는 몇 표쯤 얻을 것 같니? (토큰 1개)
· 이 다음에 커서 너는 어떤 사람이 되고 싶니?
  그 이유가 무엇일까? (토큰 2개)
· 네가 학교에서 상을 받았다고 생각해 보자.
  어떤 상이었을까?
  무엇 때문에 받았을까? (토큰 1개)
· 네가 학교를 졸업한 후 너의 친구들이 너를 어떤 아이로 기억할 것 같니? (토큰 2개)
· 앞으로 10년 후 지금 담임 선생님이 너를 어떤 아이로 기억할 것 같니? (토큰 2개)

셋, 즐거움에 대한 욕구입니다

즐거움은 인간생활에 있어서 절대적으로 필요한 요소로, 인간이 하는 모든 행동들 이면엔 이 욕구가 자리잡고 있습니다. 심지어 공부하고 학습하는 행위에도 즐거움에 대한 욕구는 숨어 있습니다. 특히, 아동은 많은 놀이활동을 하고 그 놀이를 통해서 지식을 습득합니다. 때문에 놀이를 통하지 않고 아동을 이해한다는 것은 매우 어렵습니다. 이 욕구 영역에 속하는 카드의 내용입니다.

· 무엇을 하며 놀 때 제일 재미있니? (토큰 1개)
· 무엇을 배울 때 제일 재미있니? (토큰 1개)
· 지금 꼭 배우고 싶은 게 있다면 무엇이니? (토큰 1개)
· 하루에 몇 번이나 웃니? (토큰 1개)
· 하루에 몇 번이나 우니? (토큰 1개)

- 하루에 몇 시간이나 노니? (토큰 1개)
- 너는 무엇을 할 때 제일 신나고 재미있다고 느끼니? (토큰 1개)
- 어떤 때에 가장 큰 소리로 웃니? (토큰 1개)
- 심심할 때 무엇을 하니? (토큰 1개)
- 오늘은 특별히 네가 하고 싶은 것을 다 해도 좋은 날이다.
  자, 오늘 하루를 어떻게 보내겠니? (토큰 2개)
- 어떤 사람이 큰소리로 웃고 있다.
  왜 웃고 있을까? (토큰 1개)
- 어렸을 때 제일 재미있게 했던 것은 뭐였니? (토큰 1개)
- 가족들과 기억에 남을 만큼 재미있는 시간을 보냈던 게 언제였니?
  그 때 뭐하고 놀았니? (토큰 1개)
- 기억에 남을 만큼 신나게 놀았던 게 언제였니?
  그 때 뭐하고 놀았니? (토큰 1개)
- 오늘 하루 친구와 집을 보게 되었다.
  무엇을 하면 가장 재미있을까? (토큰 1개)

넷, 자유에 대한 욕구입니다

인간은 누구나 마음대로 옮겨다니고 싶은 욕구, 선택을 하고 싶은 욕구, 내적으로 자유롭고 싶은 욕구를 가지고 있습니다. 이런 욕구는 성인들만 가지고 있는 것은 아닙니다. 아동들 역시 자신의 삶을 스스로 통제하고자 하는 욕구를 가지고 있습니다. 특히, 상상력이나 호기심이 많은 어린이들은 어른들이 이해할 수 없는 많은 행동을 하고 그것들을 유지하고 싶어합니다. 이 욕구 영역에 속하는 카드의 내용입니다.

- 복권에 당첨되었다면 그 상금으로 너는 무엇을 하겠니? (토큰 1개)
- 어떤 때에 제일 네 마음대로 할 수 있다고 생각되니? (토큰 1개)
- 집에서 네 마음대로 할 수 있는 일이 몇 가지나 되니? (숫자 만큼 토큰을 준다)
- 집에서 네 마음대로 할 수 있는 일이 있다면 무엇이니? (토큰 1개)
- 아무런 제약 없이 네 마음대로 행동할 수 있는 곳이 있다면 어디니? (토큰 1개)
- 어제 하루종일 네 스스로 결정한 일이 몇 가지나 되니? (숫자 만큼 토큰을 준다)
- 너는 뭐든지 네 마음대로 할 수 있다고 생각하니? (토큰 1개)
- 지금 너는 굴 속에 갇혀 있다. 어떻게 하겠니? (토큰 1개)
- 네가 꼭 하고 싶은 일을 부모님께서는 반대하신다고 생각해보자. 어떻게 하겠니? (토큰 1개)
- 이 세상에서 가장 자유로운 사람이 누구인 것 같니? (토큰 1개)
- 마법사가 된다면 제일 먼저 무엇을 하겠니? (토큰 1개)
- 네가 가장 부러운 사람이 있다면 누구니?
  왜, 그 사람이 부럽니? (토큰 1개)
- 새장 속의 새와 새장 밖의 새가 있다.
  어떤 새가 너랑 가장 비슷하니?
  그 이유가 무엇일까? (토큰 2개)
- 네가 부모가 된다면, 넌 아이들을 어떻게 키우겠니? (토큰 1개)
- 자유가 무엇이라고 생각하니?
  넌 언제 자유롭다고 느끼니? (토큰 2개)

다섯, 행하기와 평가하기입니다

우리의 모든 행동은 우리가 원하는 것과 우리가 가지고 있는 것 사이의 차이를 좁히려는 끊임없는 시도입니다. 따라서 인간의 모든 내적 욕구들은 행동으로 표출됩니다. 그러므로 아동의 현재 행동의 적합성과 효율성을 탐색해보면 아동에 대한 구체적인 이해가 가능할 것입니다. 이 욕구 영역에 속하는 카드의 내용입니다.

- 너는 어제 하루를 무얼하며 지냈니? (토큰 1개)
- 아침 10시라고 생각해 보자.
  너는 지금 무엇을 하고 있니? (토큰 1개)
- 저녁 8시라고 생각해 보자
  너는 지금 무엇을 하고 있니? (토큰 1개)
- 방학 일과표를 짜보자. (토큰 2개)
- 아침에 일어나서 제일 먼저 하는 일이 뭐니? (토큰 1개)
- 오늘 아침에 무엇을 먹었니? (토큰 1개)
- 오늘 아침식사를 누구와 함께 했니? (토큰 1개)
- 오늘 아침을 먹으며 무슨 얘기를 했니? (토큰 1개)
- 네가 제일 하기 좋아하는 일이 무엇이니? (토큰 1개)
- 가족들이 한 자리에 모여 있다.
  자, 무엇을 할까? (토큰 1개)
- 친구들이 한자리에 모여 있다.
  자, 무엇을 할까? (토큰 1개)
- 네가 가장 원하는 게 뭐니?
  그것을 위해서 지금 너는 어떻게 하고 있니? (토큰 2개)

- 지금 네가 하고 있는 행동들이 네가 원하는 것을 얻는 데 도움이 된다고 생각하니? (토큰 1개)
- 지금 제일 바꾸고 싶은 게 있다면 무엇이니?
  그것을 바꾸기 위해서 너는 어떤 노력을 하고 있니? (토큰 2개)
- 10년이 지났다고 생각해 보자. 넌 무엇을 하고 있을까? (토큰 1개)

이양희(李亮喜)는 1956년 강원도 동해 출생.
미국 미조리대학에서 심리학박사 학위를 받았으며
현재 성균관대 아동학과 부교수로 있다.
현실요법 전문가로서 활동하고 있으며
한국특수교육학회, 아동학대예방협회, 아동권리학회의 이사이며
한국심리상담학회 홍보위원, 서울시 아동복지위원으로 있다.
논문으로는『특수아동을 위한 놀이치료』『장애아 가족의 동향과 과제』등 다수
있음.

현실요법으로 상담하기
어린이 마음을 여는 기술
....
1997년 7월 30일 제1쇄 발행
2002년 6월 1일 제3쇄 발행

지은이 • 로버트 우볼딩
옮긴이 • 이양희
펴낸이 • 김성호
표지장정 • 표현디자인

펴낸곳 • 도서출판 사람과 사람
주소 • 서울시 마포구 연남동 228-20(3층)
전화 • (02)335-3905~6
팩스 • (02)335-3919
등록 • 1991년 5월 29일 제1-1224호
통신 • 천리안 P91529

값 6,500원

ISBN 89-85541-18-8 03180

ⓒ 이양희, 1997. Printed in Korea
판권 본사소유/잘못된 책은 바꿔 드립니다.

복권에 당첨되었다면 그 상금으로 너는 무엇을 하겠니? (토큰 1개)	이 세상에서 가장 자유로운 사람이 누구인 것 같니? (토큰 1개)	새장속의 새와 새장밖의 새가 있다. 어떤 새가 너랑 비슷하니? 그 이유가 무엇일까? (토큰 1개)
집에서 네 마음대로 할 수 있는 일이 있다면 어떤 일들이니? (토큰 1개)	집에서 네 마음대로 할 수 있는 일이 몇가지나 되니? (가짓수 만큼 토큰을 준다)	어떤 때에 제일 네 마음대로 할 수 있다고 생각되니? (토큰 1개)
마법사가 된다면 제일 먼저 무엇을 하겠니? (토큰 1개)	네가 부모가 된다면 아이들을 어떻게 키우겠니? (토큰 1개)	네가 꼭 하고 싶은 일을 부모님께서 반대하신다고 생각해보자. 어떻게 하겠니? (토큰 1개)
너는 뭐든지 네 마음대로 할 수 있다고 생각하니? (토큰 1개)	어제 하루종일 네 스스로 결정한 일이 몇가지나 되니? (가짓수 만큼 토큰을 준다)	지금 너는 굴 속에 갇혀 있다. 어떻게 하겠니? (토큰 1개)
네가 가장 부러운 사람이 있다면 누구니? 왜 그 사람이 부럽니? (토큰 1개)	아무런 제약없이 할 수 있는 일이 있다면 어떤 일들이니? (토큰 1개)	자유가 무엇이라고 생각하니? 넌 언제 자유롭다고 느끼니? (토큰 2개)

오늘 아침에 무엇을 먹었니? (토큰 1개)	네가 가장 원하는 것이 뭐니? 그것을 위해서 너는 지금 어떻게 하고 있니? (토큰 2개)	저녁 8시라고 생각해보자. 너는 지금 무엇을 하고 있니? (토큰 1개)
오늘 아침 식사를 누구와 함께 했니? (토큰 1개)	아침 10시라고 생각해보자. 너는 지금 무엇을 하고 있니? (토큰 1개)	지금 제일 바꾸고 싶은게 있다면 무엇이지? 그것을 바꾸기 위해서 너는 어떤 노력을 하고 있니? (토큰 2개)
오늘 아침을 먹으며 무슨 얘기를 했니? (토큰 1개)	10년이 지났다고 생각해보자. 너는 지금 무엇을 하고 있을까? (토큰 1개)	네가 제일 하기 좋아하는 일이 무엇이니? (토큰 1개)
친구들이 한 자리에 모여 있다. 자 무엇을 할까? (토큰 1개)	지금 네가 하고 있는 행동들이 네가 원하는 것을 얻는데 도움이 된다고 생각하니? (토큰 1개)	가족들이 한 자리에 모여 있다. 자, 무엇을 할까? (토큰 1개)
방학 일과표를 짜보자. (토큰 2개)	아침에 일어나서 제일 먼저 하는 일이 뭐니? (토큰 1개)	너는 어제 하루를 무엇을 하며 지냈니? (토큰 1개)

이다음에 커서 너는 어떤 사람이 되고 싶니? 그 이유가 무엇일까? (토큰 2개)	친한 친구랑 둘이 남겨져 있다고 생각해보자. 무엇을 하고 놀기로 누가 결정하니? (토큰 1개)	반에서 인기투표를 한다면 너는 몇표를 얻을 것 같니? (토큰 1개)
우리반 너희가 농구시합을 한다고 생각해보자. 각자의 주장이 되어서 선수들을 뽑을 수 있다면 너는 몇번째로 뽑힐 것 같니? (토큰 1개)	학교에서 연극을 한다고 생각해보자. 너는 무슨 역을 맡고 싶니? 그 이유가 무엇일까? (토큰 2개)	친구들과 게임을 할 때 누가 많이 이기니? (토큰 1개)
제일 잘하는 운동이 뭐니? (토큰 1개)	너가 제일 같이 걷을 친구들이 잘 따르는 편이니? (토큰 1개)	지금까지 한 일들 중에 가장 자랑스러운 일이 무엇이니? (토큰 1개)
친구 녀석과의 놀이에서 네가 이겼다고 가정해보자. 그게 무슨 놀이였을까? (토큰 1개)	네가 학교에서 상을 받았다고 생각해보자. 어떤 상이었을까? 그리고 누가 때문에 받았을까? (토큰 1개)	앞으로 10년 후에 지금 담임 선생님이 너를 어떤 아이로 기억할 것 같니? (토큰 2개)
운을 시험해갈 때 네 운을 수가 크로니? (토큰 1개)	제일 잘하는 과목이 뭐니? (토큰 1개)	내가 학교를 졸업한 후에 네 친구들이 너를 어떤 아이로 기억할 것 같니? (토큰 2개)

친구랑 무엇을 할 때 가장 기분이 좋으니? (토큰 1개)	사람들이 어떤 사람을 좋아한다고 생각하니? 너 자신은 사람들이 좋아하는 사람이니? (토큰 2개)	엄마가 제일 좋아하는 사람은 누구라고 생각하니? 그 이유가 무엇일까? (토큰 1개)
너희반에서 제일 인기있는 아이가 누구니? (토큰 1개)	너에게 좋은 일이 생겼을 때 누가 가장 좋아할까? (토큰 1개)	친구가 몇명이나 되니? (친구의 숫자만큼 토큰을 준다)
누구와 함께 있을 때 가장 기분이 좋으니? (토큰 1개)	제일 좋아하는 사람이 누구니? (토큰 1개)	집에서 키우고 있는 동물이 있니? (토큰 1개)
아빠랑 무엇을 할 때 가장 기분이 좋니? (토큰 1개)	엄마랑 무엇을 할 때 가장 기분이 좋니? (토큰 1개)	생일파티에 초대하고 싶은 사람들이 있다면 누구니? (토큰 1개)
친한 친구의 이름을 말해주겠니? (토큰 1개)	아빠가 제일 좋아하는 사람은 누구라고 생각하니? 그 이유가 무엇일까? (토큰 1개)	너에게 안좋은 일이 생겼을때 누가 가장 슬퍼할까? (토큰 1개)

심심할 때 무엇을 하니? (토큰 1개)	어떤 때에 가장 큰 소리로 웃니? (토큰 1개)	제일 신나고 재미있게 느껴질 때 너는 무엇을 하고 있니? (토큰 1개)
하루에 몇번이나 우니? (토큰 1개)	지금 꼭 배우고 싶은 것이 있다면 무엇이니? (토큰 1개)	오늘은 특별히 네가 하고 싶은 것을 다 해도 좋은 날이다. 자, 오늘 하루를 어떻게 보내겠니? (토큰 2개)
무엇을 하며 놀 때 제일 재미있니? (토큰 1개)	하루에 몇번이나 웃니? (토큰 1개)	무엇을 배울 때 제일 재미있니? (토큰 1개)
하루에 몇 시간이나 노니? (토큰 1개)	오늘 하루 친구와 집을 보게 되었다. 무엇을 하면 가장 재미있을까? (토큰 1개)	어떤 사람이 큰 소리로 웃고 있다. 왜 웃고 있을까? (토큰 1개)
가족들과 기억에 남을 만큼 재미있는 시간을 보내게 언제니? 그때 뭐하고 놀았니? (토큰 1개)	기억에 남을 만큼 신나게 놀았던 게 언제니? 그때 뭐하고 놀았니? (토큰 1개)	어렸을 때 제일 재미있게 했던 일은 무엇이었니? (토큰 1개)